江苏省社会科学基金项目（18GLC016）
江苏省公共安全研究中心成果

农村土地利用风险的治理：案例及探讨

肖建英◎著

中国矿业大学出版社
·徐州·

图书在版编目(CIP)数据

农村土地利用风险的治理：案例及探讨 / 肖建英著. —徐州：中国矿业大学出版社，2021.10

ISBN 978-7-5646-5158-9

Ⅰ. ①农… Ⅱ. ①肖… Ⅲ. ①农村—土地利用—风险管理—研究—中国 Ⅳ. ①F321.1

中国版本图书馆 CIP 数据核字(2021)第 201566 号

书　　名	农村土地利用风险的治理：案例及探讨
著　　者	肖建英
责任编辑	姜　翠
出版发行	中国矿业大学出版社有限责任公司 (江苏省徐州市解放南路　邮编 221008)
营销热线	(0516)83884103　83885105
出版服务	(0516)83995789　83884920
网　　址	http://www.cumtp.com　**E-mail**：cumtpvip@cumtp.com
印　　刷	广东虎彩云印刷有限公司
开　　本	710 mm×1000 mm　1/16　**印张** 11.5　**字数** 200 千字
版次印次	2021 年 10 月第 1 版　2021 年 10 月第 1 次印刷
定　　价	58.00 元

前言

PREFACE

2020年，习近平总书记在中央农村工作会议上指出，构建新发展格局，把战略基点放在扩大内需上，农村有巨大空间，可以大有作为。农村宅基地和住房是农民的基本生活资料和重要财产，也是农村发展的重要资源。习近平总书记指出，推进农村土地制度改革，要坚持把依法维护农民权益作为出发点和落脚点，根据实践发展要求，丰富集体所有权、农户承包权、土地经营权的有效实现形式，促进农村土地资源优化配置。《中共中央关于制定国民经济和社会发展的第十四个五年规划和二〇三五年远景目标的建议》指出，要统筹发展和安全，把安全发展贯穿国家发展各领域和全过程，防范和化解影响我国现代化进程的各种风险，筑牢国家安全屏障。在工业反哺农业、城市支持农村的国家发展战略背景下，农村土地制度改革已到深水区，稳慎推进显得尤为重要。

为此，本书选取农村土地利用领域面临的风险问题展开研究，探讨了风险治理的对策建议，以期为我国农村土地制度改革提供参考。农村土地利用涉及耕地、宅基地和集体经营性建设用地，其中与农民直接相关联的是农村耕地、宅基地利用问题。本书从耕地利用角度，研究农地征收中农民网络诉求表达风险行为及其诱发因素、农村土地托管风险问题；从宅基地利用角度，研究农村宅基地使用权放活的运行风险问题、农村宅基地退出风险问题。

(1) 农地征收中农民网络诉求表达风险行为及其诱发因素研究。结合失地农民网络诉求表达的相关案例，对农地征收过程中农民网络诉求表达风险行为的主客体、内容、过程和效应等内容进行分析，对农地征收中农民网络诉求表达风险行为的效应进行了探讨。从农地征收中农民网络诉求表达风险行为的内因、外因两个层面，归纳、总结并提炼诱发因素，并据此提出研究假设。在数据统计分析的基础上进行研究假设的验证性回归分析，对农民网络诉求表达风险行为的重要诱发因素进行识别和判断。

(2) 农村宅基地使用权放活的运行风险研究。借助案例，分析农村宅基地使用权放活利益主体参与运营和管理的内容、参与程序等，从中总结农村宅基地使用权放活多元利益主体之间的关系、利益链，进而从村民、村集体、企业、政府等不同利益主体的角度研究农村宅基地使用权放活的运行风险。

(3) 农村宅基地退出风险研究。根据利益相关者理论，对农村宅基地退出的核心利益相关者、重要利益相关者、一般利益相关者进行划分，从农户、政府部门、村集体等层面分别探讨宅基地退出风险中的农户个体因素和保障预期因素、政府治理因素、社会心理因素，构建农户宅基地退出风险模型并采用二元 Logistic 回归分析方法对农村宅基地退出风险因素进行判定。

(4) 农村土地托管风险研究。针对不同类型的土地托管模式，对土地托管过程中的利益相关者、利益链进行探讨，进而研究了不同利益相关者之间存在的利益冲突风险。

(5) 农村土地利用风险治理的政策建议研究。从农地征收中农民网络诉求表达风险治理、农村宅基地使用权放活风险治理、农村宅基地退出风险治理、农村土地托管风险治理等方面，针对前述风险分析的结果，提出相关的政策建议。

我指导的学生霍玉杰、连庭苇、罗依柳、彭诺涵、姜淑华等参与了本书部分章节资料文献的整理与相关研究，在此表示感谢。

本书的研究工作得到了江苏省社会科学基金(18GLC016)的支持，在此表示感谢。特别感谢出版社在本书编辑出版过程中的付出和帮助。

肖建英

2021年10月

目录

CONTENTS

1 绪　论

本章首先对农村土地利用风险治理研究的背景进行了分析和说明，然后分别就农地征收中农民网络诉求表达、农村宅基地使用权放活主体参与、农村宅基地退出、农村土地托管相关的国内外文献进行了综述，对相关理论和概念进行了界定和诠释，进而对本书的研究思路和研究方法进行了说明。

1.1 研究背景

1.1.1 关于“互联网+”时代的农地征收

习近平总书记在致第五届互联网大会贺信中强调，世界各国虽然国情不同、互联网发展阶段不同、面临的现实挑战不同，但推动数字经济发展的愿望相同、应对网络安全挑战的利益相同、加强网络空间治理的需求相同。近年来我国农村地区互联网的普及度日益提高，基础设施、农村居民网络素养不断提升。

以往受到网络基础设施、技术、认知等方面因素的影响，农村居民和大众媒介的信息发布受到种种限制，失地农民在征地过程中遇到问题时，不能在有效时间内及时、客观、公正、全面地表达个体诉求，无法及时获得社会各界更多的关注。互联网具有开放、自由、交互、即时等特点，这就使得以往阻碍失地农民在传统大众媒介上实现言论自由和情绪表达自由的条件不复存在。失地农民可以利用网络表达个人看法，甚至披露不当事件，较之以前偶尔出现的求助无门的境地而言，网络为其提供了一个较为畅通和便利的表达诉求、维护权益的通道。

网络是一把双刃剑。现实中的征地矛盾和冲突事件如果得不到妥善解决，便可能将冲突转移到网络，尤其是因为征地引发的群体性冲突事件可能借助网络而迅速传播。相关网络信息的扩散会加剧征地冲突的扩散形势，给政府部门缓解或治理群体性冲突事件带来阻力。网络的普及使得农地征收中的冲突风险问题表现出新的特点。只有厘清了农地征收过程中失地农民网络诉求表达风险行为的特征及其诱发因素，才能有针对性地提出对策，有效提高政府部门应对征地冲突风险的能力。

1.1.2 关于乡村振兴视域下的农村宅基地改革

在城镇化进程稳步推进的背景下，大量农民选择进城务工或定居，出现农村人口向城镇转移的现象。早在 2013 年，进城农业转移人口已突破 1 亿人。国家统计局网站公布的《第七次全国人口普查公报》数据显示，2020 年我国城镇常住人口约 9.02 亿人，乡村常住人口约为 5.1 亿人，城镇人口占总人口的63.89%，大量农村人口向城镇转移，全国人户分离人口约4.93亿人。进城务工的农民无法与城镇居民享有同等的住房、子女教育和医疗养老等待遇，这导致他们无法真正融入城镇。与此同时，他们在农村的住房长期处于闲置状态，这种情形在农村地区已是屡见不鲜，大片的空心村和荒地致使农村土地资源无法得到充分有效利用。先前的宅基地制度对维护农民的基本生存权发挥了积极作用，现如今“一户多宅”“建新宅不腾旧宅”和大量“非法隐形转让”市场都违背了土地节约集约利用的指导原则。毫无疑问，现阶段的农村宅基地制度已经不能适应农村社会经济的发展要求。当前，对宅基地“三权分置”、宅基地使用权放活、宅基地退出机制的探讨是在乡村振兴战略背景下，我国农村宅基地制度改革面临的重要问题。

中共中央办公厅和国务院办公厅于2014年12月通过了《关于农村土地征收、集体经营性建设用地入市、宅基地制度改革试点工作的意见》，指出我国农村土地制度改革进入新一轮试点阶段。此次试点的主要任务在于建立农村集体经营性建设用地入市制度、完善新一轮宅基地制度，尤其是探索宅基地“三权分置”与宅基地自愿有偿退出问题。

2017年，《中共中央 国务院关于深入推进农业供给侧结构性改革加快培育农业农村发展新动能的若干意见》明确提出，落实农村土地集体所有权、农户承包权、土地经营权“三权分置”办法。加快推进农村承包地确权登记颁证，扩大全省试点范围。统筹协调推进农村土地征收、集体经营性建设用地入市、宅基地制度改革试点。全面加快“房地一体”的农村宅基地和集体建设用地确权登记颁证工作。认真总结农村宅基地制度改革试点经验，在充分保障农户宅基地用益物权、防止外部资本侵占、控制的前提下，落实宅基地集体所有权，维护农户依法取得的宅基地占有和使用权，探索农村集体组织以出租、合作等方式盘活、利用闲置农房及宅基地，增加农民财产性收入。允许地方多渠道筹集资金，按规定用于村集体对进城落户农民自愿退出承包地、宅基地的补偿。

2018年，《中共中央 国务院关于实施乡村振兴战略的意见》指出，完善农民闲置宅基地和闲置农房政策，探索宅基地所有权、资格权、使用权“三权分置”，落实宅基地集体所有权，保障宅基地农户资格权和农民房屋财产权，适度放活宅基地和农民房屋使用权，不得违法买卖宅基地，严格实行土地用途管制，严格禁止下乡利用农村宅基地建设别墅大院和私人会馆。

2019年,《中共中央 国务院关于坚持农业农村优先发展做好"三农"工作的若干意见》提出,加快推进宅基地使用权确权登记颁证工作,力争2020年基本完成;稳慎推进农村宅基地制度改革,拓展改革试点,丰富试点内容,完善制度设计;抓紧制定加强农村宅基地管理指导意见;研究起草农村宅基地使用条例;开展闲置宅基地复垦试点。

2020年1月,《中共中央 国务院关于抓好"三农"领域重点工作确保如期实现全面小康的意见》把农村宅基地管理和制度改革作为重点改革任务,指出,严格农村宅基地管理,加强对乡镇审批宅基地监管,防止土地占用失控;扎实推进宅基地使用权确权登记颁证;以探索宅基地所有权、资格权、使用权"三权分置"为重点,进一步深化农村宅基地制度改革试点。

2020年10月,中国共产党第十九届中央委员会第五次全体会议通过的《中共中央关于制定国民经济和社会发展第十四个五年规划和二〇三五年远景目标的建议》明确提出,探索宅基地所有权、资格权、使用权分置实现形式;保障进城落户农民土地承包权、宅基地使用权、集体收益分配权,鼓励依法自愿有偿转让。

2021年,《中共中央 国务院关于全面推进乡村振兴加快农业农村现代化的意见》指出,加强宅基地管理,稳慎推进农村宅基地制度改革试点,探索宅基地所有权、资格权、使用权分置有效实现形式;规范开展房地一体"宅基地"日常登记颁证工作;保障进城落户农民土地承包权、宅基地使用权、集体收益分配权,研究制定依法自愿有偿转让的具体办法。

我国于2015年启动新一轮农村宅基地有偿退出试点时,33个县(市、区)在宅基地有偿使用和退出机制方面积极探索并成效明显。2020年全国108个县启动以宅基地有偿使用和退出为重点内容的新一轮农村宅基地改革试点。改革试点的核心是探索宅基地所有权、资格权、使用权分置的实现形式。通过探索宅基地使用权的流转、抵押、自愿有偿退出、有偿使用等来增加农民收入。

国家统计局发布的我国《2020年国民经济和社会发展统计公报》显示,我国城乡居民可支配收入差距约为2.56倍,当前我国城乡收入差距仍处于高位,这无疑是目前推进人民共同富裕首先要解决的问题。农户户均土地经营规模过小,农民宅基地不具有与城市住宅同等的用益物权和担保物权是导致城乡居民收入差距的两个重要原因。"十四五"期间我国将加快推进农业转移人口市民化进程。《中国农村发展报告2020》预计，至2025年中国城镇化率争取达到65.5%，在大幅减少小农户数量的同时大幅度提高户均土地经营规模。在中央稳慎推进宅基地制度改革方针的指导下，有关部门在贯彻落实文件的具体过程中，一直存在“稳慎”有余，“推进”不足的问题，中共中央全面深化改革委员会于2020年审议通过《深化农村宅基地制度改革试点方案》，于2020年全国104个县(市、区)以及3个地级市进一步启动改革试点。当前，在稳慎推进的前提下积极探索，大胆改革，积极推进并尊重农民意愿和首创精神是关键。

1.1.3 关于农业农村现代化进程中的土地托管经营模式

土地托管最初是由农民自发组织起来的一种新型农业经营方式，近年来该模式受到国家有关部门的持续关注。国家先后发布了一系列政策，支持土地托管的发展。农业农村部、财政部等各部门也贯彻中央政策，积极推广土地托管。

2000年前后，随着市场经济不断发展和城市化进程的加快，许多农民外出务工或到城镇经商置业。例如，鄂州市的农村劳动力总量34.28万人，常年外出兼业从事非农劳动或生产经营的人数达到了14.48万人，只有19.8万人是全职从事农业生产劳动的。随着当时城市不断扩张、城市化进程不断推进，越来越多的农村劳动力向城市转移，农民工群体规模越来越大。由于非农就业的收入远高于从事农业生产的收入，大量兼业农户对农地生产经营活动的依赖越来越小，于是出现了通过委托经营的方式将土地委托他人耕种的行为。这种自发形成的委托耕作方式一定程度上缓解了耕地抛荒问题，增加了农民收入，也为第二、三产业发展和城市化建设解放了劳动力资源。当时就已经出现了“半托管”和“全托管”两种托管实践。一般情况，全托管周期是1～3年，托管方承担耕地各种税费，该模式占到18.6%。当时托管双方多以口头“约定”的方式明确双方职责。委托经营10亩(1亩≈666.67平方米)以上的占委托户数的91.5%。随着托管范围不断扩大，托管户逐渐由乡邻扩大到乡之间、村组外来户等，当时还出现了城镇下岗职工到农村从事托管耕作的情况。[1]

2004年起，作为强农惠农富农政策的一部分，国家先后实施农作物良种补贴、种粮农民直接补贴和农资综合补贴等农业补贴政策来促进粮食生产和农民增收。此时，对于部分兼业农户来说，种粮仍具有一定的吸引力，但是兼业的性质决定了他们不得不在种粮的某些环节或全过程缺位，这进一步为土地托管服务提供了更大的发展空间。土地托管服务需求的增加，服务实践范围的扩展引起更多的媒体、学者关注土地托管问题，相关报道和文献对土地托管的探讨也在不断增加。随着现代农业深入推进，大市场和小农户的现实农情使得政府部门越来越重视土地托管在实现小农户与农业现代化有效衔接中的作用。

2014 年，土地“托管式服务”写入中央文件。受到国家和各级政府部门的持续关注后，一系列土地托管相关政策先后出台支持土地托管的发展。农业农村部、财政部等各部门也贯彻中央政策，对其进行积极推广。《关于全面深化农村改革加快推进农业现代化的若干意见》指出，要大力发展主体多元、形式多样、竞争充分的社会化服务，推行合作式、订单式、托管式等服务模式。这是中央一号文件首次提出“托管式服务”。2015 年，《关于加大改革创新力度加快农业现代化建设的若干意见》指出，强化农业社会化服务，抓好农业生产全程社会化服务机制创新试点，重点支持为农户提供代耕代收、统防统治、烘干储藏等服务。2016 年，《关于落实发展新理念，加快农业现代化实现全面小康目标的若干意见》指出，支持多种类型的新型农业服务主体开展代耕代种、联耕联种、土地托管等专业化规模化服务。这是中央一号文件正式提出“土地托管”服务。2017 年，《关于深入推进农业供给侧结构性改革加快培育农业农村发展新动能的若干意见》指出，大力培育新型农业经营主体和服务主体，通过经营权流转、股份合作、代耕代种、土地托管等多种方式，加快发展土地流转型、服务带动型等多种形式的规模经营。

为贯彻落实中央要求，2017 年 8 月，农业农村部会同发改委、财政部印发《关于加快发展农业生产性服务业的指导意见》，提出大力推广农业生产托管。2017 年 9 月，《关于大力推进农业生产托管的指导意见》要求，各地坚持因地制宜原则，重点支持粮油棉糖等大宗农产品的生产托管，重点支持本地区急需的现代农业建设短板环节、农民欢迎的生产环节和服务内容。针对劳动力状况、农户生产需求、主体服务能力，确定本地区优先支持的农业生产托管模式和规模经营程度。针对服务标准、质量、价格、信用等方面加强制度建设，指导各地通过制定服务标准和规范、引导服务组织合理确定服务价格、强化合同指导和管理、加强服务组织动态监测，推动开展农业生产性服务业行业管理,强化规范引导,不断提升农业生产托管对小农户服务的覆盖率。

2018年,农业农村部、财政部联合下发《关于做好2018年农业生产发展等项目实施工作的通知》,鼓励各地采取政府购买服务或先服务后补助等方式,根据当地小农户需要,支持发展多环节托管、关键环节托管和全程托管等模式,提升农业生产社会化服务的专业化、规模化水平。2019年,《关于坚持农业农村优先发展做好"三农"工作的若干意见》指出,发展乡村新型服务业,支持供销、邮政、农业服务公司、农民合作社等开展农技推广、土地托管、代耕代种、统防统治、烘干收储等农业生产性服务。2019年,《关于促进小农户和现代农业发展有机衔接的意见》要求,各地加快推进农业生产托管服务,不断提升生产托管对小农户服务的覆盖率,促进农业生产托管规范发展。各地积极贯彻文件精神,根据当地现代农业建设短板和农民的生产需求,研究出台具体实施意见,积极支持村两委、集体经济组织、农民专业合作社发挥作用,通过组织和经营模式创新,组织小农户实现耕地集中连片,统一开展农业生产托管;支持家庭农场、合作社等新型经营主体,通过"流转+托管"等方式,广泛接受农业生产性服务。同时,要求各地加大政策落实力度,积极推动高标准农田建设、土地整治、农业综合开发等重点项目向开展生产托管的小农户和村庄倾斜,支持服务主体参与集中育秧、粮食烘干、农机作业、预冷贮藏等配套服务设施建设。

2020年《中共中央 国务院关于抓好"三农"领域重点工作确保如期实现全面小康的意见》指出,推广统防统治、代耕代种、土地托管等服务模式。农业农村部2020年10月11日发布,2020年中央财政共支出45亿元,在29个省区市开展农业生产托管项目。农业基础设施和农业技术的发展和进步、财政和金融保险支持为土地托管提供了物质基础。为推进我国农业现代化进程,农业农村部等多部门在全国范围内推出农业生产托管万里行活动。截至2021年9月,农业生产托管万里行活动已在山西、河北、福建、吉林等9个省区开展宣传和指导,影响范围不断扩大。土地托管能否顺利推进,受到农户、农业生产服务主体、托管方式、托管协议等多种因素影响。因此,理顺土地托管过程中不同利益主体之间的关系,探索不同托管方式面临的问题和挑战,在土地托管助力国家粮食安全方面有效规避和应对风险,将是土地托管活动稳中求进和在实践中获得顺利推进的重要议题。

1.2 国内外文献综述

1.2.1 农地征收中农民网络诉求表达相关研究

1.2.1.1 国内相关研究

国内对于失地农民网络诉求表达的研究较少，相关研究主要围绕着以下几个方面。

第一，征地冲突原因及其治理的相关研究。祝天智等探讨了征地冲突的诱发因素，并就征地治理提出了规范性建议。[2]张敬云等结合案例，从利益相关者的角度揭示了征地冲突发生的深层次原因，提出打破征地过程中的结构"洞"，充分发挥利益相关者"桥"的作用才能协调各方关系，化解征地冲突。[3]连宏萍等引入制度适应理论模型，以北京市新机场征地拆迁为案例，从文本与环境二元分化的视角研究征地冲突，从市场制度与集体主义、地方法规与村镇具体环境两个角度进行深入分析，提出法律制度与农村现实情境有效对接的重要性。[4]

第二，失地农民维权决策行为的相关研究。谢雪群等通过随机调查，分析了目前农地整理过程中农民的利益诉求，并采用模糊综合评判法对农民的利益诉求进行了综合评价。[5]王凯经过调研，从征地的补偿标准和农民实际发放征地补偿款比例两个方面，分析失地农民土地显性的权益保障状况，结合问卷中关于征地公告、农民参加失地保险和补偿方式等调查数据，分析农民土地隐性的权益保障状况。最后，借鉴和学习国外关于土地征收补偿制度的经验，针对我国土地征收中存在的问题，提出失地农民土地权益保障相关对策，探索我国土地征收补偿的调整办法，为以后征地制度的改革提供参考意见。[6]刘玉雁等认为，预防或解决群体性事件的关键在于建立和完善农民利益表达机制，保障农民的利益诉求。因此，有必要加强失地农民的权利保障，限制地方政府权力；完善利益表达和协调机制；建立和完善社会矛盾监测预警和调查处理机制；提升农民法律意识和社会参与水平。[7]这些学者对被征地农民维权行为进行了研究，但对于失地农民如何维权应对、采取什么措施维权、维权成效等并没有展开详细探讨。

第三，农民利益诉求表达路径的相关研究。国内学者较为关注弱势群体利益诉求机制的现状及其规范化问题。在农民群体方面，张书军等概括了我国农民维权方式的演变："日常抗争""依法抗争""以法抗争""以舆抗争"，并分析了产生"以舆抗争"方式的原因，提出了"以舆抗争"的积极和消极影响。[8]李俊认为，转型时期农民呈现出政治认知失衡化、政治情感持续化等多元政治心态，这些都会对农民维权行为产生影响。[9]

第四，农民网络政治参与现状的相关研究。赵君慧介绍了农民网络政治参与的方法及现状，认为政府应提高工作效率和公信力；加强培训，提高农民的网络知识；合理引导农民网络政治参与，以此增加农民网络政治参与的有效路径。[10]毕耕等认为，互联网将从保障信息公开、表达民主权利、反映利益诉求、实施舆论监督等几个方面对农民实现话语权产生作用。农民网络话语权的实现途径包括：重视网络话语权利、改善信息传输条件、构建网络传播体系、注意凝练网络话语、提高农民网络素质。[11]现有研究主要探讨农民网络政治参与、网络维权等议题，涉及各方面网络表达内容，而在具体征地冲突环境下有关农民诉求表达的研究少之又少。

1.2.1.2 国外相关研究

伴随城市化扩张而出现征地冲突是不可避免的。国外学者对征地冲突的研究主要围绕土地冲突诱发原因、冲突后果、土地冲突治理过程与工具等内容，对失地农民利益诉求相关问题的研究较为缺乏。

在失地农民维权抗争行为的相关研究中，有学者在充分调研基础上提出"日常抵抗"说，认为农民很少采用真正的大规模叛乱和革命等反抗方式去对抗权威，而是更多地采取日常形式的抵抗，例如装糊涂、偷懒、开小差等方式，并认为农民这样的行为是为了避免公开有组织性的政治活动带来的风险。[12]Mamonova 对乌克兰大规模征地中，农民不抵抗"例外"案例进行分析并指出，被剥夺土地的农民是否选择政治抗争，很大程度上取决于土地交易的条件，在大规模征地中，农民较多的关心经济收益而非社会效益，所以在乌克兰的征地中，给予农民适应性的补偿是避免冲突的较好办法。[13]

国外关于网络政治参与的研究较多，Gao 研究了网民通过网络与官方进行抗争的问题，指出如果想全面理解数字时代的抗争，互联网和在线形式的抗议是必须考虑在内的因素。[14]Yamamoto 等在对在校大学生网络政治参与的调查中提出，网络媒体对年轻人的网络政治参与起到了较大影响，同时提出网络政治参与能够进一步增进传统线下、线上政治参与的积极性和效果，互联网使政治选举、政府开放程度、公共服务等政治方面产生巨大的变化。[15]网络作为政治参与新的行为方式，在失地农民表达诉求和农地征收过程中起着重要作用。

综上所述，国内对于征地、网络、维权三个要素联合进行研究的文献并不多见。综合考虑这三个要素，关于农地征收中农民网络诉求表达风险行为的研究对于征地冲突治理、网络治理都是很好的切入点。

1.2.2 农村宅基地使用权放活主体参与相关研究

1.2.2.1 国内相关研究

宅基地使用权的相关学术研究趋势与我国农村宅基地制度改革及相关政策变动实践是一致的，呈现明显的时代特点。相关文献从 20 世纪 90 年代起逐渐增加，至 2014 年文献数量达到高点，这一现象应与 2013 年我国拟定了开展农村宅基地改革试点有关，之后文献量逐渐减少，随着 2018 年中央一号文件提出农村宅基地“三权分置”改革思路，文献量又开始增加。对宅基地制度的研究开始转变为对宅基地“三权分置”和宅基地使用权放活等议题。

1. “三权分置”提出前

陈小君认为，宅基地使用权的立法改革，亦当以宅基地使用权的得丧变更为逻辑进路，立法重点是对宅基地租赁使用权予以体系化之制度设计。陈小君选取与“三农”问题最为密切的宅基地权利，对明确立法路径和具体的制度设计方案进行了探讨。[16]刘恒科指出，宅基地流转是沿着农户自觉和集体主导的双重路径展开的，宅基地流转的制度设计需要通过集体全能充实和成员资格认定，落实集体土地所有权，保障农户居住资格利益。[17]

2. “三权分置”提出后

张克俊等提到，必须厘清在现代产权制度安排下适度放活宅基地使用权的内涵，准确把握宅基地使用权适度放活的各种条件要求，探寻适度放活宅基地使用权的实现途径，同时要在落实集体所有权、明确村民宅基地资格权、健全宅基地使用权流转市场、构建风险防范机制、适时修改相关法律等方面为适度放活宅基地使用权提供保障。[18]宅基地使用权固然要放活,但放活应当有个"度",应该把握好界限,同时为其提供法律和制度保障。牛星以上海市L村为案例,运用主体协作理论、资源依赖理论等,对宅基地使用权放活的多主体联动机制进行了研究。相较以往文献对主体的研究,该机制的创新之处在于,在传统的"政产学研"主体结构上增加了"农户"这一主体,充分考虑农户在宅基地使用权流转中的意愿和诉求,构建了宅基地使用权流转的"政产学研农"多主体联动机制。[19]

1.2.2.2 国外相关研究

多数资本主义国家实行土地私有制,土地上附着物也是私人所有,所以并不存在宅基地这一说法。我国农村宅基地所有权归村集体,农村集体经济组织成员具有宅基地资格权、使用权,这与国外的土地私有不同。由于所有制结构不同,国外并没有关于农村宅基地流转方面的研究,相关研究主要集中在土地流转方面。

1. 土地流转相关理论研究

马克思的地租理论认为,拥有土地的使用者在土地流转过程中需要向土地的实际所有者缴纳超过平均利润以上的那部分剩余价值——地租。这样看来,地租可以认为是土地流转的经济形式、土地使用者的通行证。[20]科斯的产权理论强调了产权在资源配置中的重要性,只有产权清晰,产权所有者才能明确知道自己可以做什么,进而更好地参与市场交易,达到社会总产品的最大化。

2. 土地流转市场研究

关于土地流转市场的研究,国外学者认为土地应该被放在市场中进行公开交易,但对于政府是否应该在其中进行干预这一点,有着不同的看法。市场运行会出现失灵的情况,因此需要政府这只"看得见的手"进行适当干预,以避免土地流转的混乱。Fan等利用2007—2016年中国各宗地的土地出让数据对土地市场化水平进行了计算,拓宽了对土地市场化异质性的解释,并指出地方政府在土地市场建设中发挥着重要作用。[21]

综上所述,国外关于土地流转问题的研究大多集中在相关理论和流转市场上,国外学者重视理论对土地流转的指导意义,但重理论轻实践,相关研究多是为以私有制为基础的土地配置服务,对我国的借鉴作用有限。此外，宅基地制度改革是以点到面、不断完善的过程，也是在实践中不断提炼经验的过程。因此，对于国外的相关研究成果，在给予借鉴的基础上，更应该充分结合我国实际，才能有助于推动宅基地制度改革顺利推进。

就目前来看，国内宅基地制度相关研究侧重于宅基地使用权放活试点中存在的问题、使用权放活的实现机制等方面。改革是不断从实践中获取经验并进行优化和完善的过程，我国宅基地制度改革相关研究从实际出发，关注试点地区，注重案例研究，从中发现共性、寻找规律。研究成果和指导理念充分体现了从实践出发，提炼理论，再回归实践的过程。

1.2.3 农村宅基地退出相关研究

1.2.3.1 国内相关研究

1. 农户宅基地退出的影响因素

当前我国各地开展的农村宅基地退出实践大多由地方政府主导。农户是宅基地退出的主体，宅基地是否能够顺利实现有偿退出，很大程度上受到农户意愿和诉求的影响，如果地方政府在这方面处理不当，必然会阻碍宅基地退出工作顺利进行。经过梳理文献可知，现有研究主要从农户个体特征、宅基地特征和政策认知等方面展开研究。

第一，从农户个体因素来看，影响宅基地退出的因素主要涉及年龄、文化水平、家庭收入来源、年收入等。研究表明，年龄越大，农户退出宅基地的意愿越弱。许恒周等基于推拉理论进行有序 Probit 模型分析发现，农户文化水平越高越倾向于退出宅基地。[22]李敏等基于家庭生命周期视角研究农户宅基地退出意愿并提出，主要家庭收入来源为非农业领域的农户相比于主要家庭收入来源为农业的农户，愿意退出宅基地的可能性更大。[23]韦彩玲等运用二重理性分析框架研究认为，收入水平与宅基地退出意愿呈显著负相关，年收入越高的家庭退出宅基地的可能性越低。[24]于伟等在山东省进行调研发现，农民兼业工作的类型及家庭人口数会对其宅基地退出意愿产生影响。[25]

第二，从宅基地特征来看，尹兵等研究发现，宅基地面积越大，农户对改善住宅面积的需求越小。[26]宅基地上房屋建成时间越早，农民越愿意退出宅基地，宅基地上房屋的建房成本与宅基地退出意愿呈显著的负相关。

第三，从农户政策认知来看，彭长生提出，农民对宅基地所有权、继承权、抵押权、处置权的认知均对宅基地退出意愿产生影响。[27]农户对农村宅基地退出政策的了解程度也会影响农民宅基地退出意愿。如果农户可以充分了解宅基地退出相关政策信息，其退出宅基地的可能性会更大。[28]

2. 宅基地退出模式

近年来，各地在实践中探索，出现了适应各地不同特色的农村宅基地退出模式。如：冯娜娜等对义乌市宅基地退出情况进行调研并总结出当地存在的三种宅基地退出模式，“城乡新社区集聚建设”模式 、“旧村改造”模式和“新农村集聚建设”模式，并依据“三圈理论”，分别从支持、价值、能力角度对这三种模式进行了分析。[29]王丽芬将浙江“两分两换”模式和重庆“地票”模式进行对比分析，为解决宅基地制度领域存在的立法缺失、隐形市场普遍、农民财产权益受损等问题，提出了推动建立宅基地退出机制的相关对策。[30]

各地宅基地退出的方式一般是因地制宜、各不相同，其中以下三种宅基地退出模式较为典型：

第一，重庆“地票”交易模式。重庆市采用的“地票”交易是指农户退出宅基地时拿到相应的“地票”，该票可以在镇上进行交换。[31]这种模式对退出的土地要求比较严格，要经过土地管理部门的检查和验收才能换取量化指标。“地票”交易把城市建设用地增加和农村建设用地减少结合起来，不仅充分利用了农村闲置宅基地资源，也加强了农村住宅用地的管理。

第二，成都“双重放弃”模式。成都实施的“双重放弃”模式是指，鼓励农民自愿放弃宅基地的使用权和承包经营权，农户退出宅基地后可以获得城市住房和社会保障。这种模式最鲜明的特征是，农户在退出宅基地时既放弃了宅基地的使用权和农田的承包经营权，也放弃了村集体经济组织成员的身份。

第三，天津“一体化”模式。天津的宅基地退出方式采用“一体化”理念，将新农村建设与住房制度改革相结合，通过大力发展乡村旅游业来充分利用农村闲置宅基地。农户可以把自己的宅基地分成股份，通过参与乡村旅游业来提高收入。这种模式为农民增收和改善农村面貌提供了有效保障。

1.2.3.2　国外相关研究

国外学者关于宅基地流转风险方面的研究主要关注于土地污染的生态风险,这与农业用地的社会风险存在一定联系,其中一些问题与我国农村宅基地流转市场存在的社会风险有相似之处。Fukunaga 等研究发现,农民和土地所有者通过选择交易成本和风险分担机制来签订租赁协议,许多农民倾向于选择农作物份额的方式来支付土地租金,期望更好地规避风险。[32] Allen 等认为,美国的农民选择现金租赁的比例是过去 20 年的两倍多,这是由农业技术的提高、成本的增加以及农民选择农作物份额方式耕种的积极性降低导致的。[33] Mandondo 等通过对非洲马拉维烟草种植用地的实证分析认为,在农业发展中应避免社会和环境风险。[34] Wossen 等通过对埃塞俄比亚的实证分析发现,社会资本的参与可以有效提高农业管理水平,降低土地流转的风险。[35]

综上所述,越来越多的专家学者着手研究如何优化利用农村宅基地、分析影响农户退出农村宅基地意愿的影响因素、探索农户宅基地退出模式选择偏好等,相关研究也越来越重视案例和实证分析。在对农户退出宅基地意愿影响因素的探究中,学者们逐渐开始关注农村宅基地退出的风险问题。总结现有研究成果可知,对于退出宅基地问题,农户在生产收入、生活质量、交通环境变化等方面存在风险认知与预期。宅基地退出后,各种因素的不确定性成为阻碍农户退出意愿和行为的主要原因。对此,相关建议提出,通过不断提高农户自身的抗风险能力、构建相对完善的社会保障机制和健全宅基地退出法律法规等途径来减弱风险,鼓励有条件、有能力的农户自愿有偿退出宅基地。

1.2.4　农村土地托管相关研究

1.2.4.1　国内相关研究

土地托管问题最初受到关注时,相关研究主要描述土地托管对解决因农民进城务工导致的耕地抛荒及缴纳农业税等问题的作用。2006 年,农业税取消、《农民专业合作社法》出台、农业现代化战略实施促进了土地托管的发展,围绕合作社、托管企业、种植大户开展土地规模经营的案例研究逐渐增多,其中对陕西长丰现代农业托管有限公司、山东供销社的研究产生了较大反响,一定程度上促成了 2014 年土地"托管式服务"写入中央文件。[36]近年来,学界开始关注土地托管在促进小农户与现代农业衔接、推动农村土地经营制度改革、乡村振兴战略实施和新型农业现代化等方面的作用,具体研究内容包括:土地托管的内涵[37]、服务形式[38]和组织机制[39-40],土地托管的实施成效[41-42],土地托管面临的困境和应对措施[43-44]。

1.2.4.2 国外相关研究

国外农村土地托管相关研究多置于农业服务范畴。欧美等农业发达国家较早建立了完善的农业服务体系,相关研究最早从自给自足农业向商品型农业转变开始。基于机械化过程中农业对工商业关联服务的日益依赖,美国首次出现工农商综合体,旨在促使各产业部门主动为农业发展提供服务。20 世纪初,有学者对第三产业分布与变化、服务经济理论及其与国家经济结构、经济波动关系的研究促进了服务业向农业领域渗透。[45]20 世纪中期至 21 世纪初是多数国家农业服务体系建立和完善期,这一时期的相关研究成果丰富,涉及农业服务的主体职能、服务类型、服务质量、影响因素、政策和金融等。[46-47]发展中国家的农业服务问题受到关注,Ortiz 对秘鲁的研究发现,随着服务市场深化,政府角色大量减弱,其他服务组织缺乏对政策和市场信息的灵敏度将导致市场混乱。[48]相关研究形成了比较一致的观点:① 农业服务阶段与一国经济社会发展水平密切相关;② 政府主导型服务在市场成熟后逐步削减,企业主导型服务显示出活力;[49]③ 农业服务企业在市场竞争中逐渐减少形成垄断,少数大企业将发挥更重要的作用;[50]④ 在与企业的市场交易中,农户权益难以保障,合作社等非营利服务组织发展并成为不可或缺的元素。[51]

综上所述,学界对土地托管的相关研究成果日益增多,为课题奠定了良好的研究基础。由于土地制度和经济发展阶段不同,国外学者多以服务产业为起点进行宏观探讨,注重发现规律,对微观主体行为的关注较少。国内土地托管研究的主题随着"地有人种—地谁来种—地如何种"这一逻辑转变,明显具有现实需求和政策引领的痕迹,对于单一托管案例、托管主体的研究居多,缺乏对多主体之间利益联结关系的系统梳理和深度解析。

土地托管的稳慎推进,首先需要厘清不同托管模式下,土地托管利益主体之间的关系,因为各种风险多源自不同利益主体之间关系的难协调或处理不当。当前，我国土地托管市场正处于初创期，推进中隐患多而且复杂，亟须理论和实践指导。本书将收集、整理各地土地托管实践，总结其中先进经验，以托管利益主体为切入点，分析和探讨存在的利益关系，识别利益冲突风险，以期为乡村振兴战略下，农村土地托管顺利推进提供借鉴。

1.3 相关理论和概念

1.3.1 相关理论

1.3.1.1 社会冲突理论

社会冲突理论主要研究社会冲突的起因、形式、制约因素及其影响，强调社会冲突对于社会巩固和发展的积极作用。社会冲突理论从分析生产力和生产关系、经济基础与上层建筑的关系着手，得出社会基本矛盾的运动发展是导致一切社会冲突的根本原因。社会基本矛盾是一切历史冲突的根源。阶级斗争是社会冲突理论的主要内容，利益矛盾是社会冲突理论的实质。[52]有学者将社会冲突视为维护和削弱社会结构的重要力量进行研究，并深入分析了社会结构的性质对冲突功能发挥的影响。社会冲突理论体现了将冲突与社会结构进行整合的思想。[53]本书中涉及的征地冲突，是社会冲突的一类，是在我国农村集体土地产权制度和农村集体土地征收制度背景下发生的。国家为了公共利益需要，依照法律规定的程序和权限将农民集体所有的土地转化为国有土地。政府给予被征地的农村集体经济组织和被征地农民合理补偿和妥善安置，如果补偿安置措施与农民诉求产生偏差，很容易形成矛盾冲突。

1.3.1.2 权利理论

权利是指主体依法享有并受法律保护的利益范围或实施一定行为以实现某种利益的资格，是法律赋予人实现其利益的一种力量。权利的英文表达是“right”，解释为正确的、正当的或某种资格。古希腊政治学家亚里士多德曾把“权利”定义为正义的标准，认为正义的观念是同国家的观点相关的，因为作为正义标准的权利，是调节政治交往的准绳。[54]近代以来，西方国家对权利问题的研究不断深入，出现了权利天赋、权利平等、权利自由等思想成果。马克思提出,权利是利益冲突的产物,权利与义务相统一,受到权力的规范。

在我国古代汉语中,“权利”一词早已有之,早期多为贬义词之用。如“接之于声色、权利、愤怒、患险而观其能无离守也”“或尚仁义,或务权利”等表述中,权利一词当时并非法学概念。1864年美国传教士丁韪良在翻译惠顿的《万国公法》时使用了“权利”一词,后来日本也开始使用这一翻译,此后权利开始成为一个广泛应用的法律概念。[55]被征地农民因失地可能在财产、经济、就业、教育等方面遭受权力和利益影响。公共诉求表达是我国法律规定的公民基本权利内涵,探讨农民网络诉求,正是农民通过网络表达自身需求和意见,以实现和维护自身的正当权益。

1.3.1.3 动机理论

动机理论是心理学家对动机这一概念所作的理论性与系统的解释,用以解释行为动机的本质及其产生机制。早期对动机的研究多关注于人性的假设。20世纪30年代以来,学界出现了较多不同的观点和看法,如本能论、本能与学习相结合的动机理论、精神分析学说、驱力学说、本能发展理论、认知论等。20世纪50年代,马斯洛针对以往研究对人的需要的多样性及对动态联系的忽略,提出以人本主义方法论为指导,以人为中心,阐明动机与环境、动机之间的内在动力关联,认为动机有内外之分,主要关注到人内部的自我需求。

在农地征收过程中农民借助网络进行诉求表达,就是在内部动机驱使下的行为,农民需要在土地被征收后,获取自身生存和发展的保障,而这种保障不仅限于物质层面。当这些自身内部的需求得不到满足,甚至产生冲突时,农民就会选择更为便利和有效的诉求表达渠道进行自身诉求的表达。

1.3.1.4 利益相关者理论

利益相关者理论于20世纪60年代在西方国家发展起来,于20世纪80年代开始受到广泛关注,影响范围迅速扩大。英美等国的公司受到该理论影响开始转变企业管理方式,这使公司治理模式有了新的选择。弗里曼对利益相关者的界定最具有代表性。他认为,利益相关者是指那些能够影响组织目标实现,或者被组织目标实现的过程所影响的任何个人或群体。[56]根据重要程度,利益相关者可分为核心利益相关者、重要利益相关者和一般利益相关者。基于上述理论分析，本书中将农户退出农村宅基地过程中涉及的主体分为核心利益相关者、重要利益相关者和一般利益相关者。其中，核心利益相关者包括农户和地方政府，重要利益相关者为中央政府，一般利益相关者为村集体组织。在利益相关者理论指导下构建适用于农户宅基地退出行为选择的分析框架，全面分析农户宅基地退出意愿的影响因素。

1.3.2　相关概念

1.3.2.1　农地征收中农民网络诉求表达相关概念

1. 农地征收

农地征收，即农村土地征收，是指国家为了公共利益需要，依照法律规定的程序和权限将农民集体所有的土地转化为国有土地，并依法给予被征地的农村集体经济组织和被征地农民合理补偿和妥善安置的法律行为。尽管各国(地区)对土地征收的提法有所不同，但都存在公益目的性、行政强制性、经济补偿性和权属转移性等相同的特点。在农地征收过程中，不同利益主体会围绕征地合法化、公益性、征地价值和增值价值分配的合理性、征地过程合规性等系列问题出现权益之争。受制度设计特征影响，征地过程中的利益受损方多为失地农民，如果在土地征收过程中失地农民收到的补偿或安置条件与其诉求出现偏差便会形成矛盾和纠纷，也就有了利益诉求表达的必要。

2. 诉求表达与网络诉求表达

诉求一词有两层意思，一是陈诉和请求，二是追求和要求。诉求指将某种动机、道德、认同，通过媒介向目标受众诉说，以求说服受众去做应该做的事，或者达到所期望的反应。利益表达是政治过程的基础环节，也是民主决策的前提条件。通常，公共政策制定的出发点是对社会不同层面的利益诉求进行协调和平衡。随着社会的发展，利益群体也出现日益多元化的趋势。充分的利益表达是确保决策执行得到社会力量有效支持的重要保障。[57]利益表达渠道是利益表达主体和利益表达客体之间的信息传递通道，分为制度化渠道和非制度化渠道。制度化渠道(或称组织化渠道)是指官方认可的制度化表达渠道，包括人大(人民代表大会)、政协(中国人民政治协商会议)、信访机构、听证会、村委会等。非制度化渠道(或称公开舆论表达渠道)

主要包括网络、报纸、电台、电视台等大众传媒。[58]网络作为人类发展史上的重大发明之一，已经成为当前诉求表达的新途径。网络诉求表达是在信息传输、接受、共享的网络虚拟平台上传和发布文字、图片、视频等维权相关信息，以求获得舆论关注，实现和维护自身正当利益。

农地征收过程中的矛盾冲突因利益矛盾而产生，故本书中对诉求表达的界定侧重于利益诉求表达，某个集团或个人提出要求的过程为利益表达。在农地征收过程中，农民向治理主体表达自己的主张和意见，反映自身利益的过程是一种诉求表达。在诉求表达分类方面，将制度化诉求表达界定为通过法定的制度化（如人大制度、政协制度、信访制度、基层群众自治制度等）渠道表达诉求；非制度化诉求表达包括制度化表达渠道以外的正当的、有序的诉求表达形式。

3. 农地征收中农民网络诉求表达风险行为

基于农地征收中农民网络诉求表达的实践和现有文献研究成果可知，农民诉求表达过程中，很可能由于双方表达的方式或方法不恰当而使利益矛盾升级，甚至演化为严重的冲突事件。从这一角度来看，农民网络诉求表达本身就是一种风险行为。从社会风险视角来看，可以将农地征收中农民网络诉求表达风险行为界定为：在国家为公共利益需要依法将集体所有土地转变为国有土地的过程中，农民由于正当权益受到不同程度损害和影响而与征地方产生对抗，通过虚拟平台网络表达自身需求和意见，以实现和维护自身正当权益的行为过程。

1.3.2.2 宅基地制度改革相关概念

1. 宅基地

1962年，在《农村人民公社工作条例修正草案》中，“宅基地”一词首次得到明确界定。此前，宅基地一直被囊括在村民土地的大范畴内。宅基地是村民用于建造住宅的土地，其主体是村民，用途是居住。村民可以利用这块土地建造用于居住的房屋及其他配套设施，无论是筹备建造住宅的土地，抑或是已建造住宅的土地，只要起初是用来居住的用地，都属于宅基地。区别于农业用地、商业用地、建设用地等，宅基地从土地中脱离出来，方便了政府单独对其进行管理，村民关于住宅用地的一系列问题也有了专门的划分。

2. 宅基地权利

第一,宅基地所有权。1954 年我国《宪法》颁布,确定了我国社会主义国家性质,经济上实行社会主义公有制。《宪法》颁布前,宅基地归村民私人所有,所有者可以对其进行任意处置。《宪法》颁布后,宅基地转变为集体所有,所有权主体发生了变化。

根据我国《土地管理法》,城市的土地属于国家所有;农村和城市郊区的土地,除由法律规定属于国家所有的以外,属于村民集体所有;宅基地和自留地、自留山属于村民集体所有。国有土地和村民集体所有的土地,可以依法确定给单位或者个人使用。农村宅基地归村民集体所有,村民集体拥有宅基地的所有权,其权利主体是村民集体,而非个人。

第二,宅基地资格权。资格权是村民从农村集体经济组织申请宅基地的权利,享有主体是村集体经济组织成员。资格权是实行"三权分置"改革后国家赋予农村集体经济组成员的又一项固有权益。拥有了资格权,也就拥有了申请宅基地的资格,农村集体经济组织成员才能享有在宅基地上建造住宅的权益。宅基地资格权是使用权的前提,没有资格权,村民就无法获得宅基地使用权,更不能对宅基地进行处置。宅基地资格权的享有者是需要甄别的,只有具备农村集体经济组织成员资格的成员才具备宅基地申请资格。对于农村户口转为城市户口的原村集体成员,会被认定为自动放弃了村集体经济组织成员资格。依据相关法律规定,城市居民被排除在宅基地申请资格权范围之外。虽然在乡村振兴战略实施进程中,各地在不断探索农村宅基地制度的改革措施,但并未从本质上突破这一界限。

第三,宅基地使用权。1963 年,《中共中央关于各地对社员宅基地问题作一些补充规定的通知》首次提出宅基地使用权的概念,使用权赋予村民处置宅基地的权利,保障了村民的基本居住条件。该权利的权利主体为农村集体经济组织成员个人。为了建造房屋,村民可以占有和使用宅基地。宅基地使用权是农民凭借农村集体经济组织成员身份天然享有宅基地使用权的一项特殊权利。[59]宅基地使用权是一种特殊的权利,其权利主体特殊,仅限为农村集体经济组织成员的村民;权利客体特殊,只能是本集体所有的非农业用地;权利内容特殊,拥有使用权的村民虽然可以长期占有和使用宅基地,但在宅基地流转方面却受到较多限制。此外,宅基地只能用于建造住宅及便于生活的周边配套设施,一户一宅,不得多占。

3. 宅基地使用权放活

随着宅基地制度改革的试点和推进，各地探索出宅基地使用权放活的多种实践并总结出较多经验。近年来，国家陆续出台了多个文件，提出要适度放活宅基地和村民房屋使用权。这项举措突破性地赋予了村民一定的宅基地财产性权利。按照《农村土地经营权流转管理办法》的精神，国家鼓励各地创新土地经营权流转形式，鼓励农民通过自主经营、合作经营、委托经营等方式，依法依规发展农家乐、民宿、乡村旅游等。宅基地使用权流转可以通过置换、租赁、抵押等多种方式实现。《中共中央 国务院关于建立健全城乡融合发展体制机制和政策体系的意见》的亮点是，允许村集体在农民自愿前提下，依法把有偿收回的闲置宅基地转变为集体经营性建设用地入市，但必须遵守"可租，不可卖"的规定。[60-61]

有关文献对我国农村宅基地使用权放活的实现机制进行了研究，尝试界定农村宅基地使用权退出与使用权流转，认为将放活农村宅基地使用权改革分为使用权退出与流转两个基本方向，应该针对不同情况进行相应的制度安排。[62-63]使用权退出表示宅基地使用权的完全退出并回归所有者（农村集体经济组织）；流转则是宅基地使用权从一个主体转移到另一个主体，使用权仍然存续。[64-65]本书认为，宅基地使用权放活是在所有权保持不变的前提下，突破一些固有限制的宅基地使用权流转，是宅基地使用权的主体通过某种方式发生变动的过程。

4. 宅基地退出

农村宅基地退出是指农民将依法取得的农村宅基地使用权自愿归还农村集体经济组织的做法。对于退出宅基地使用权的农户，政府或集体经济组织会给予一定补偿。宅基地退出的提出是基于当前农村地区宅基地闲置问题严重，甚至出现了大量空心村的考虑。这些问题的存在不利于农村经济社会可持续发展，也与土地资源节约集约利用理念和实现乡村振兴目标相悖。

2015 年 1 月，中共中央办公厅和国务院办公厅联合下发的《关于农村土地征收、集体经营性建设用地入市、宅基地制度改革试点工作的意见》明确规定要改革完善农村宅基地制度，探索进城落户农民在本集体经济组织内部自愿有偿退出或转让宅基地。截至 2021 年，全国已有 33 个县（市、区）开展农村宅基地制度改革试点，试点地区按照“依法公平取得、节约集约使用、自愿有偿退出”的目标要求，通过宅基地复垦，以结余指标、地票、集地券等方式有偿交易，探索出宅基地退出的多种模式。

《土地管理法》规定，国家允许进城落户的农村村民依法自愿有偿退出宅基地。2021 年，农业农村部会同有关部门指导各地有序组织开展新一轮农村宅基地制度改革试点，重点在探索宅基地自愿有偿退出机制等方面开展试点。新一轮农村宅基地制度改革试点在 104 个县(市、区)和 3 个地级市启动。

1.3.2.3 农村土地托管相关概念

1. 农村土地托管缘起

土地托管源自实践，是农民在农业生产实践中的创新。土地托管自产生以来，在各地衍生出不同的运作模式，也因此出现了不同名称，如代耕代种、联耕联种等。若从字面理解，土地托管与土地流转的概念接近，但是在实践中，土地托管并非土地流转。

土地托管起初是由村内农地承包户之间的代耕代种发展而来的，是村民之间的一种互助或自发协议。从早期文献可知，土地托管是户口在农村的农民，由于外出务工或经商需要，将自己原有按政策规定分配的农地委托本地亲友或外来人员经营，并由其代缴农村一切税费的行为。

2. 农村土地托管内涵探索

2016 年国家出台《关于完善农村土地所有权承包权经营权分置办法的意见》，为农村土地托管进一步发展提供了政策环境。土地托管范围不断扩大，土地托管运行程序和管理也趋于规范化。有学者对这一时期的土地托管内涵进行了探索，将土地托管的内涵特征概括为两方面：第一，土地托管是农地经营权细分后的优化配置。农户在保留一部分土地经营权的基础上，将农资购买、农业作业、产品处理三种经营权利的全部或者部分委托给托管服务主体，由托管服务主体代为行使，完成农业的生产和商品化过程，同时农户对托管服务主体的经营行为发挥监督作用，最终实现经营权的优化配置。第二，土地托管是建立在服务基础上的二元主体经营。托管服务主体在行使经营权的过程中，不仅对服务质量负责，还要对最终的农业产出负责，这使得土地托管具备了农户与托管服务主体共同追求最大农业收益的二元主体特征。[66]

3. 农村土地托管内涵界定

发展至今，土地托管实际上相当于把农业生产活动委托给某个服务组织完成，其概念内涵随实践发展出现了新的诠释。2020 年农业农村部农村合作经济指导司司长张天佐在“农业生产托管工作交流活动暨农业生产托管金融创新研讨会”上对农业生产托管和土地托管的概念进行了解释，指出土地托管的核心是生产托管，是在土地经营权不流转、不集中的情况下，土地承包者把生产过程中的一些服务环节通过委托、外包的方式，委托给第三方完成。这一过程是一个生产托管的过程，也是一个生产作业环节外包的过程。这是土地托管的最新诠释。本书沿用了土地托管的概念，该概念的核心是农业生产托管。

1.4 研究思路与研究方法

1.4.1 研究思路

本书主要研究农村土地利用过程中存在的风险问题，从与农民直接相关联的农村耕地、宅基地利用问题着手，聚焦当前农村土地制度改革的侧重点，分析矛盾冲突及其治理。本书共包括 8 章内容（研究技术路线见图 1-1）。

第 1 章绪论。首先将对农村土地利用风险治理研究的背景进行分析和说明，然后分别就农地征收中农民网络诉求表达、农村宅基地使用权放活主体参与、农村宅基地退出、农村土地托管相关的国内外文献进行综述，对相关理论和概念进行界定和诠释，进而对本书的研究思路和研究方法进行说明。

第 2 章农地征收中农民网络诉求表达风险行为分析。研究农地征收过程中农民网络诉求表达风险行为的表征。结合失地农民网络诉求表达的相关案例，对农地征收过程中农民网络诉求表达风险行为的主客体、渠道、方式、内容、成效与不足进行探讨，研究其具体的行为表征和治理方式。

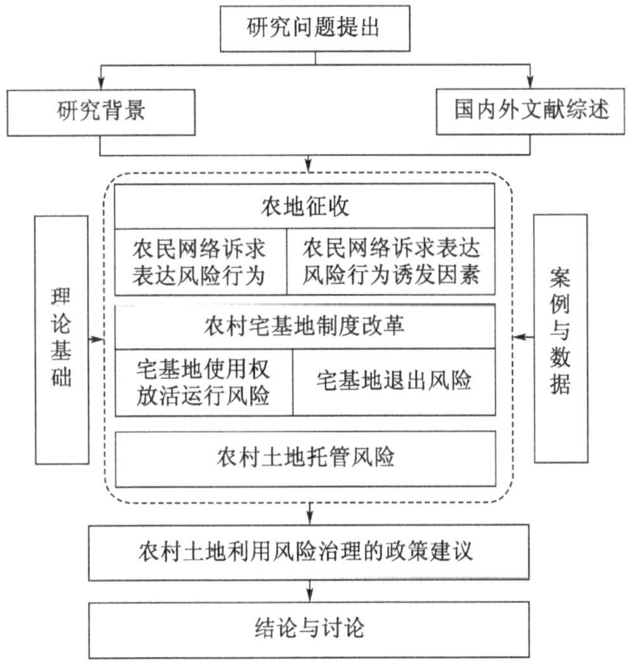

图 1-1 研究技术路线

第 3 章农地征收过程中农民网络诉求表达风险行为的诱发因素实证分析。构建农地征收过程中农民网络诉求表达风险行为的诱发因素研究的 Logistic 回归模型，进行回归分析并提出制度化诉求表达体系不完善是农民网络诉求表达风险行为的主要源头，农民民主与权利意识不断高涨是主要内因，农村法律援助的困境与行业协会作用的缺失助推了农民网络化诉求表达风险行为的出现，网络技术的发展是农地征收过程中农民网络诉求表达风险行为的技术前提。

第 4 章农村宅基地使用权放活的运行风险分析。运用实地调查法和案例分析法，分析 Q 村宅基地使用权放活案例中不同利益主体的主体功能、角色定位和利益需求，总结 Q 村案例中宅基地使用权放活的运营模式，归纳农村宅基地使用权放活的运行风险。

第 5 章农村宅基地退出风险分析。首先根据利益相关者理论构建农村宅基地退出风险研究框架，提出假设并设置变量。其次通过农户宅基地退出意愿调查，对农户宅基地退出风险进行实证研究。

第6章农村土地托管风险分析。梳理并总结农村土地托管的不同模式，通过案例分析，研究不同模式下土地托管参与主体之间存在的利益矛盾，从中提炼土地托管风险因素及其特征。

第7章农村土地利用风险治理的政策建议。分别针对农地征收中农民网络诉求表达风险行为、农村宅基地使用权放活运行风险、农村宅基地退出风险、农村土地托管风险的治理问题进行研究，提出相关政策建议，为政府部门决策提供参考。

第8章结论与展望。阐述和总结本书的主要结论，并对研究中有待进一步深入探讨的内容进行展望。

1.4.2 研究方法

1.4.2.1 案例分析法

本书章节贯穿着案例分析方法的运用，尤其在农地征收中农民网络诉求表达风险行为分析、农村宅基地使用权放活的运行风险、农村土地托管风险的研究中，重点运用了案例分析研究方法。

以失地农民网络诉求表达事件为案例，通过对多个相关案例的分析来剖析农地征收过程中农民网络诉求表达风险行为主客体、过程、积极效应和障碍因素等，为有效引导农民进行合理、合法的网络诉求表达提供经验借鉴。

在对Q村进行实地调查的基础上，根据访谈获得的数据资料，将Q村的宅基地使用权放活运行模式汇总成案例。以Q村案例为研究宅基地使用权放活主体参与依据，结合收集到的数据与相关资料，以利益相关者理论、资源依赖理论和协同理论等作为理论基础，进行案例分析，总结并提炼出Q村的农村宅基地使用权放活的运行风险，进而为宅基地制度改革的推进提供参考。

通过收集、归纳并分析农村土地托管的不同案例，解构农村土地托管的利益相关者，分析不同主体之间的利益关系和利益链，进而对农村土地托管的利益冲突风险进行深入探讨。

1.4.2.2 Logistic 回归分析法

全书在案例分析的基础上，运用 Logistic 回归分析方法对相关因素进行定量分析。构建 Logistic 回归模型，一是研究农地征收过程中农民网络诉求表达风险行为的诱发因素。以农地征收过程中农民网络诉求表达风险行为作为因变量，从农村社会组织、法律援助、农村网络、政府行为、基层治理等 10 类因素中提取自变量，通过实证分析，研判农地征收过程中农民网络诉求表达风险行为的关键影响因素。构建 Logistic 回归模型，二是研究农村宅基地退出风险因素。从农户个体因素、保障预期因素、政府治理因素、社会心理因素等 4 个层面探究农村宅基地退出风险并提出假设，通过问卷调查收集数据，对假设进行验证。

2

农地征收中农民网络诉求表达风险行为分析

随着维权意识不断提升，在面对农地征收中的矛盾冲突时，失地农民选择勇于为维护自身权益发声，表达自我诉求并不断寻求有效的诉求表达渠道。互联网迅速发展并在农村日益普及，网络信息传递具有自由性、开放性、平民性、交互性、即时性等优势，这使得农民表达自由和言论自由得到空前的展现。网络技术的发展为其提供了一个通畅便捷的表达诉求、维护权益的通道。本章结合失地农民网络诉求表达的相关案例，对农地征收过程中农民网络诉求表达风险行为的主客体、内容、过程和效应等内容进行了分析和探讨。

2.1 农地征收中农民网络诉求表达风险行为的主客体

2.1.1 农民网络诉求表达风险行为的主体及其特征

农地征收过程中农民网络诉求表达风险行为的主体指的是网络诉求的行为发起者。一般来说，行为主体是农地征收过程中的直接或间接利益受损者，即失地农民。为了维护自身土地权益，失地农民自主在网络空间发布维权信息，表达自身诉求。失地农民发起网络诉求往往具有较强的行为动机，利用网络发布信息并进行维权需要较高的法律意识、政治文化素质、网络操作技术能力，年纪大的农民往往不具备这些素质和能力，因而在网络维权群体中，年轻人占较大比例。

除此之外，农地征收过程中农民网络诉求表达风险行为主体还包括通过网络组成的、以维护失地农民权利为目标的其他个人或组织，涉及以下两类群体。

其一，公益性维权个人和组织。这一类主体的成员往往是其他农民、相关研究领域的专家学者、媒体等。这类主体多是为了帮助失地农民进行维权，具有以下特征：① 公益性。虽然与失地农民的利益没有直接关联，但是公益性维权个人和组织十分关注农地征收过程中的农民诉求问题。他们能够为失地农民免费提供网络宣传、咨询解疑等服务，力求通过自身力量维护利益分配的公平与公正。②“高能低效”性。公益性维权个人和组织与失地农民的利益追求一致，其成员大多具备较高的素质和能力，能够通过合法合理的方式扩大有关征地事件的影响力，更好地为农民表达诉求服务、维护农民权利。但征地矛盾纠纷事件繁多、维权个人和组织的公益性质在一定程度上会影响农民获助的效率，事件处理和解决可能相对缓慢。③ 组织松散性。由于这类公益性组织是通过网络组成的，可能是临时在网络组建而成，组织没有严格的管理规章制度，较为随意和松散。

其二，商业性维权个人和组织。商业性维权个人和组织伴随着土地冲突频频发生出现并逐渐发展壮大。这类主体以营利为主要目的，它们通过建立维权网络，为失地农民提供在网络空间表达诉求、转发转载等相关业务服务，通过为失地农民解决问题收取相应费用。网络上这类组织的质量参差不齐，存在一些自称"维权人士"的网民和打着"依法维权"口号的网站在进行欺诈活动。他们在社区、论坛积极回应诉求者的帖子，宣扬自身维权能力，骗取帮助失地农民修改、转发诉求贴的"辛苦费"。

2.1.2 农民网络诉求表达风险行为的客体及其特征

农地征收过程中农民网络诉求表达风险行为的客体是指表达诉求的回应者，是失地农民表达诉求的对象。一般而言，涉及政府部门、企业或某些社会组织。政府部门作为农村土地征收制度和政策的制定者和落实者，具有回应失地农民诉求的义务，因此农地征收过程中农民网络诉求表达风险行为的客体往往是基层政府部门。

在征地矛盾冲突事件中，不乏执法部门或某些职权部门、组织或个人利用职权侵犯农民利益的情况，相关人员为了从中牟利，不作为或乱作为为征地矛盾埋下隐患。例如，乌坎村事件案例中，乌坎村委会是村内实际的财产权主体，村委会依靠卖地和办公司创办了乌坎港实业开发公司，引资招商、划卖宅基地、出卖村集体土地并创办企业收取租金或分红。党支部书记和村委会主任长期轮流担任乌坎港实业开发公司法人，在港商合办的公司里担任副董事长、总经理、副总经理等职务。几十年来，在当地居民不知情的情况下，村委会卖地 3 200 亩，卖地款项达 7 亿多元人民币，最终导致集体冲突事件爆发。[67]总结起来，从矛盾产生到事件爆发经历了 4 个阶段：2009 年年初村干部倒卖村内土地被村民揭发无果的矛盾潜伏阶段；2011 年 9 月 400 多名村民因不满村干部违法卖地、财务造假、操纵选举等行为，到市政府上访的闹事的矛盾积累阶段；2011 年 12 月被扣押村民的死亡使事态失控形成村民与警方的对峙局面，网络集群行为产生；2012 年年初，由中纪委介入的广东省工作组协调解决，重构村级秩序，矛盾冲突得以消解。[68]

相关政府部门是行政执法者并拥有权力行使权，理应妥善回应失地农民的利益诉求。受到社会风气差、职员专业素养低、部门行事风格恶劣等多种因素影响，行政执法处理不当，则可能使矛盾激化或升级。政府部门及其工作人员处理冲突事件的态度和行为至关重要，若地方政府部门没有树立为人民服务的宗旨原则，则在冲突治理中反而会加剧矛盾。

2.2 农地征收中农民网络诉求表达风险行为的内容

农地征收过程中农民网络诉求表达风险行为的内容涉及失地农民通过网络表达的征地冲突现状、权利受损情况以及权利诉求。失地农民进行网络诉求表达的主要原因是维护权利。因此，农民网络诉求表达风险行为的内容直接指向的是权利。通常农民所维护的权利包括个人权利和集体权利（政治权利、发展权等）。个人权利是农民诉求表达内容的重要组成部分，属于个人权利保障诉求，包括受到侵害的物质利益诉求、精神利益诉求和法律权利诉求等。仅为集体权利而表达诉求的则较少，但随着社会的发展和农民维权意识与素质的提升，这一类型的诉求表达呈逐渐增多的态势。

农民网络诉求表达风险行为的内容从形式上看，有文字、图片和视频等。比以往传统媒介丰富且客观性提高了，能够呈现包含客观证据的有理有据的表达。从一定程度而言，网络诉求表达风险行为的内容多为主观信息攫取和主观陈述，存在情绪发泄倾向。另外，在以下情况下会出现内容失实的结果：其一，利益受损程度较大的农民，为求吸引关注、促使自身利益得到维护，在缺乏监管的网络环境中也可能出现非理性的表达方式，夸大事实，走向极端，导致信息失真甚至加大征地冲突。其二，部分媒体盲目追求利益，为博眼球而渲染夸张事实，制造热点。其三，受到网络操作技能欠缺，表达能力差、技巧较为薄弱等因素影响，也可能出现失地农民或其他行为主体网络诉求表达情况的失实。

2.3 农地征收中农民网络诉求表达风险行为的过程

2.3.1 农民网络诉求表达风险行为的载体

互联网是失地农民网络诉求表达风险行为的渠道，是网络诉求表达主体向政府或其他社会组织表达自身诉求的通道，是介于网络诉求表达风险行为主体和客体之间的桥梁。过去，由于农村村民文化水平普遍较低，网络基础设施普及不够完善，较少出现失地农民通过网络表达诉求的风险行为，并且网络诉求表达的关注度也较低。农地征收过程中失地农民往往通过人民代表大会、政治协商会议以及信访机构等制度化表达渠道实现诉求表达。但随着网络基础设施不断完善，网络技术大力普及，如今农村地区互联网和智能手机的普及率大大提高。互联网渠道在很大程度上拉近了农民与诉求表达的距离，失地农民越来越依赖于网络表达自己的意见和诉求。

农民网络诉求表达风险行为的载体具有多元化的特点，涉及以下平台：① 公共网页，如政府网、媒体网、商业网。在与农地征收冲突治理相关的公共网页平台上，诉求表达的主题集中，讨论的多是失地维权的相关法律以及自身失地维权的情况，具有较强的普及性、互动性和共享性。② 个人网页，包括 QQ、微信、微博、论坛等。在个人网页上，失地农民能够随时随地地发布信息，这种表达诉求的方式具有较强的平等性和便利性。

网络渠道极大地方便了失地农民在各种网络平台表达观点、参与话题讨论、评论、信息发布和转发，很大程度上维护了农民的话语权。除此之外，网络渠道的诉求表达具备较强的传播性，网络信息传递的快速性使失地农民表达的诉求传播扩散开来，获得社会更多的关注。

事实上，农地征收过程中失地农民采取诉求表达风险行为的网络渠道是与其他诉求表达渠道同时进行的。失地农民可以综合运用网络诉求表达、信访、集会、游行、示威、参加听证会或座谈会等方式向政协委员和人民团体反映问题，以此扩大影响，强化诉求表达，取得理想的诉求效果。在乌坎村事件中，村民结合上访、网络诉求表达等多种方式维护自身权利。

2.3.2 农民网络诉求表达风险行为的表现方式

农民网络诉求表达风险行为的表现方式是失地农民通过网络渠道表达农地征收中矛盾冲突有关的权利诉求所采用的方法。由于人们能够越来越方便地通过移动设备进入互联网络，失地农民集体自主的网络诉求表达较多，主要包括以下几种方式：① 在公共维权网络平台或个人微博、论坛等发布或转发网帖。② 参与 QQ、微信等以失地维权为主题的网络聊天室。在网络聊天室内，失地农民发表、沟通失地维权相关内容，或者组织集体维权活动。③ 在政府网征地相关板块留言，通过互联网信访平台向政府部门反应失地维权情况，提出意见建议或者投诉请求。④ 咨询相关维权个人或组织。有些失地农民群体可能会求助于其他网络维权个人或组织，以达到利益诉求表达的目的。这类维权者一般通过以下网络方式参与到失地农民诉求表达过程中：① 宣传征地相关法律、合法合理的农民诉求表达机制，为农民提供相关知识。② 关注并转载失地农民发布的诉求，帮助他们引起社会关注，通过舆论压力支持农民诉求的权益得到维护。③ 计划组织一定的网络诉求表达活动。

失地农民网络诉求表达风险行为的表现方式可分为个体诉求表达和集体诉求表达。个体网络诉求表达往往是无组织性、自发性的，力量较为薄弱。但是如果个体诉求表达得到评论、转发，便可以获得他人更多力量的帮助，个体的诉求表达也能被广泛关注。集体诉求表达具有组织性，能够发挥集体的智慧与力量，诉求表达成效也更显著。期望参与诉求表达的个体也会积极参与到集体中，并与集体保持密切的联系，集体成员数量的不断增长又会增强集体中个人的信心，坚定他们的意志，进一步提高集体诉求表达的成功率。

2.4 农地征收中农民网络诉求表达风险行为的效应

失地农民网络诉求表达风险行为具有常规利益表达很难达到的效果。① 网络为失地农民表达诉求提供了便利，可以缓解征地矛盾冲突。网络可以突破地域等限制，充分发挥互联网沟通及时、双向的特性，以一种跨越时间与空间，联通纵向与横向的优势使失地农民所思所想、所需所求在网络上获得呈现和反馈，为失地农民表达诉求提供了畅通的渠道。网络表达不需要面对面交流，一定程度上能够在冲突双方形成屏障，双方的利益矛盾冲突得到缓冲。② 网络诉求表达具有高效性。网络诉求表达赋予了失地农民更多的话语权，网络传播极大地扩大了社会影响，使农民的诉求比较容易获得社会关注，为失地农民维权降低了难度。③ 网络诉求表达增强了失地农民的政治参与感。网络使农民更多地参与到了政治生活中来，能够增强农民的主人翁意识，对于维护农民主体地位起到了促进作用。

失地农民网络诉求表达风险行为存在着一些障碍因素：① 行为主体中部分失地农民整体素质较低。他们自身的法律知识、维权知识较为欠缺，计算机操作和网络使用技术等能力一般，沟通表达能力也存在一定的问题，影响他们顺利通过网络表达诉求和维护自身权利。② 作为行为客体，相关政府部门及其工作人员有时并不能及时有效地回应失地农民的网络诉求。对待失地农民的强势态度、政府网站专栏缺失或缺乏维护与更新等问题都可能导致失地农民的网络诉求受阻。③ 表达内容失实。部分失地农民可能会为了争夺权利发布夸大的失真信息，由于网络空间监督力度不足，部分媒体盲目宣传，滋生不实传言，这会加剧矛盾冲突，影响社会稳定和政府公信力。④ 网络渠道特性导致的诉求表达失败。网络空间的信息量大、更新速度快，诉求表达可能很快被新的信息湮没。同时，网络本身具有虚拟性，社会公众对信息的辨别能力不断提高，防范意识增强，会导致失地农民的诉求受关注程度降低。因此，网络诉求表达并不全是成功的。网络诉求表达的失败直接影响失地农民的权利诉求，其他农民可能也会因此丧失诉求表达的信心，这可能促使他们对政府部门产生不满情绪。⑤ 失地农民网络诉求表达风险行为的方式容易滋生诈骗，影响网络安全。部分失地农民网络操作技能或综合文字表达能力不够，不能自主表达诉求，只能求助于其他人或组织。网络上商业维权组织和个人平台质量参差不齐，有些还要收取农民一定的费用，失地农民借其表达诉求反而被欺骗的案例时有发生。

2.5　本章小结

本章主要研究农地征收过程中农民网络诉求表达风险行为，分析了农地征收过程中农民网络诉求表达所处背景，提出了对农民网络诉求表达风险行为研究的重要意义，界定了农地征收中农民网络诉求表达风险行为的含义，为风险分析奠定了基础。结合失地农民网络诉求表达的相关案例，本章对农地征收过程中农民网络诉求表达风险行为的主客体、内容、过程等内容进行了分析，对农地征收中农民网络诉求表达风险行为的效应进行了探讨。

农地征收中农民网络诉求表达风险行为的主体一般指利益受损者，多数情况下是失地农民。同时主体还包括借助网络存在的公益性维权组织和商业性维权组织。公益性维权组织具有公益性、高能低效性和松散性特征，商业性维权组织具有营利性特征。农地征收中农民网络诉求表达风险行为的客体一般指失地农民表达诉求的对象，涉及政府部门、企业或某些社会组织。失地农民网络诉求表达风险行为的内容涉及征地冲突现状、权利受损情况以及权利诉求等。失地农民网络诉求表达风险行为的过程主要是以微信、微博等社交媒体为载体，进行话题讨论、评论、信息发布和转发等活动。这类行为一定程度上为失地农民提供了表达的通道，缓解了农地征收中的矛盾冲突，也可能因受到各种因素影响使信息沟通失效。

3

农地征收中农民网络诉求表达风险行为的诱发因素实证分析

本章主要从农地征收中农民网络诉求表达风险行为的内因、外因两个层面归纳、总结并提炼诱发因素，据此提出研究假设，进而根据研究假设设置量化指标体系，选择样本区，通过问卷调查的方式收集数据。在数据整理和统计分析的基础上，本章进行研究假设的验证性回归分析，对农民网络诉求表达风险行为的重要诱发因素进行识别和判断。

3.1 农地征收中农民网络诉求表达风险行为诱因假设

党的十九大报告提出，实施乡村振兴战略，农业农村农民问题是关系国计民生的根本性问题，必须始终把解决好三农问题作为全党工作的重中之重。我国正在创造着城镇化加速发展的世界奇迹，2017 年，我国常住人口的城镇化率已经达到 58.52%。在飞速发展的城镇化进程中也不可避免地出现了许多矛盾，征地冲突是其中之一。征地冲突的发生不仅危害人民群众的生命、财产安全，也对社会大环境产生强有力的影响，同样也考验着政府治理、社会管理者的智慧与决心。

3.1.1 农地征收中农民网络诉求表达风险行为的内因

(1) 过去，文化水平普遍较低、自身素质不高、信息来源与交流不多、对法律知识了解较少是公众对农民群体的一般评价，这些因素限制了失地农民的利益诉求表达活动，使他们对自身或集体的利益表达缺乏自觉性。如今，随着乡村振兴战略的实施和不断推进，农村和农民的面貌已经焕然一新，我们不能再以过去的标准衡量和评判农民这一群体。在时代进步、产业转型中，多元化的利益格局已经形成，农民的主体意识不断增强，民主和权利意识不断高涨，他们无比渴望自身诉求能够得到表达并受到尊重。

“土地”对于农民而言，是重要的生存基础。我国农村改革是从调整农民和土地的关系开启的，深化农村改革，主线仍然是处理好农民与土地的关系，土地对于农民的重要性不言而喻。

假设 1：农民权利意识不断高涨对农民网络诉求表达风险行为产生正面影响。

(2) “熟人社会”是相对于“陌生人社会”和“原子化社会”提出的。费孝通在《乡土中国》中曾做出过关于“熟人社会”的详细阐释，他认为，这是一个熟悉的社会，没有陌生人的社会。[69] 在熟人社会中，内部化机制可以产生一个特定的“自己人认同”的圈子，这个圈子中的人彼此之间遵循着人情、面子、信任和规则。由此我们发现，农村是血缘和地缘基础上的“熟人社会”或“半熟人社会”。

农村“熟人社会”的内部机制，圈子中的“人情”“面子”，都在心理层面上影响着农民对诉求表达方式的选择。在征地过程中,产生利益冲突的双方一般为“农户—农户”“农户—村集体”,当这种利益双方处于“同一熟人社会”“同一圈子”的时候,无论是人情还是中华民族几千年涵养的性格,无论是碍于对方的情面还是顾及自己的面子,都会让部分农民羞于将自己的利益诉求以面对面的方式表达出来。而此时,互联网则承担了“中间人”“传声筒”的角色。网络式非见面的表达,让双方在表达的时候尽量处在一个不是非常尴尬的境地。

假设 2:“熟人社会”的心理对农民网络诉求表达风险行为产生正向影响。

3.1.2 农地征收中农民网络诉求表达风险行为的外因

(1) 人大制度一直是我国的根本性政治制度,是我国人民当家作主的根本途径和最高实现形式。人大制度在设置上下沉到了乡、民族乡、镇一级,县、自治县、不设区的市、市辖区,以及乡、民族乡、镇的人民代表大会由选民直接选出的代表组成。乡、民族乡、镇的人民代表大会有权撤销乡、民族乡、镇的人民政府的不适当的决定和命令并且有保护社会主义的全民所有的财产和劳动群众集体所有的财产,保护公民私人所有的合法财产的义务。

从制度设计以及选举方式上看,人大制度是贴近人民、反映人民意志的,并能够衔接政府与基层群众自治组织。但在现实中仍存在一些不能行之有效解决群众所反映的问题、沟通渠道不够畅通等现象。

一方面,农民在人大选举中表现出“政治冷漠”,缺少对人大的认同,在事件发生之后,农民首先想到的不是代表人民利益、连接农民与政府的人大。另一方面,基层人大在职务上的重叠也降低了其对自身身份的认同感,导致仍有极少部分基层人大在运转过程中流于形式、浮于表面。再加上,部分基层人大工作存在不同程度的虚化现象,组织化程度和人员专业化程度都处于较低水平,在农地征收过程中利益相关者复杂、诉求内容多元化的情况下,基层人大往往不能行之有效地解决农民提出的问题或处理好农民的各方诉求,使得农民不得不寻求其他的表达途径,以实现自身利益诉求的目的。[70]

假设 3:基层人大表达农民诉求的现状对农民网络诉求表达风险行为产生负向影响。

(2) 中国人民政治协商会议是中国人民爱国统一战线的组织,是中国共产党领导的多党合作和政治协商的重要机构。中国人民政治协商会议的主要职能是政治协商、民主监督、参政议政。在成员组成上,政协包括了各民主党派及各界人士,其中包括文化艺术界、科学技术界、社会科学界、经济界、农业界、教育界、体育界、新闻出版界、医药卫生界、对外友好界、社会福利界、少数民族界以及宗教界。

首先,从政协的性质上来看,法律规定政协是爱国统一战线组织,具有政治包容性、党派合作性及民主协商性,它本身并不能够帮助农民直接解决农地征收过程中出现的问题,不能直接回应在此过程中农民的诉求。

其次,政协的职能是政治协商、民主监督、参政议政。其中,政治协商,协商的是国家和地方的大政方针以及政治、经济、文化和社会生活中的重要问题;民主监督,监督的是国家法律的实施,重大方针政策的贯彻执行、国家机关及其工作人员的工作。这两项职能都不能与农民在农地征收过程中的诉求表达产生直接关联。虽然在参政议政中政协可以就人民群众普遍关心的问题,开展调查研究,反映社情民意,进行讨论,但农地征收过程中农民诉求多样化不具备相应的普遍性,且政协在问题解决上只能通过调研报告、提案、建议案或其他形式,向中国共产党和国家机关提出意见和建议,不能够直接介入问题的解决流程。

最后,政协在人员组成上虽然除了民主党派还包括各界人士,其中就包括农业界,但此农业界并非全是农民。政协农业和农村委员会主要包括三方面:农业职能部门负责人、农业产业化带头人以及农业研究机构研究人员,普通农民并没有占据绝对比例,仍然以农民精英为主,这也就限制了政协在农地征收过程中充当农民诉求表达渠道的作用。

假设4:基层政协表达农民诉求的现状与农民网络诉求表达产生负向影响。

(3) 长期以来,尽管信访制度是一种单向的,由民众发起的表达意见与建议的渠道,但一直被视为党和政府与人民之间沟通的桥梁。我国信访制度最为突出的功能是民意表达,信访制度设立的初衷是党和国家为了倾听来自基层的声音,为了了解人民生活实况。

信访制度发展至今,虽然农村信访数量在增加,但仍然没有走出农村信访的困局。农村信访渠道不畅依然是摆在基层信访面前一个难以解决的问题，一方面农民极端的信访行为，如带有要挟意味、谋利目的上访，更是倾向于选在两会、党代会及其他大型会议期间；另一方面，“劫访”行为的存在，使得基层政府陷入话语权逐渐流失与压力型信访制度的两难困境，在“问责”压力之下采取某些处于灰色地带的方式解决信访问题。

对于农民来讲，信访渠道不畅、易受阻是一方面，成本高且效率低则是需要考虑的另一方面。信访在时间成本和金钱成本上，都值得考虑。在时间成本上，信访不是一下子就能够解决问题的，信访在规定上要求逐级上访，且信访立案具有一定的标准，不是所有的上访都能够被立案解决；在金钱成本上，上访需要往返于上访地与原住地之间，对于农民而言，其费用虽算不上沉重，但也不可忽略。在信访的效率上，信访案件常常因为“有头无尾”而被人诟病，且各地在信访体系上存在差异，没有形成统一的体系，导致了信访的不便性。

假设 5：信访制度表达农民诉求的现状对农民网络诉求表达风险行为产生负向影响。

(4) 基层群众自治制度是我国的一项基本政治制度。1998 年人大通过《村民委员会组织法》，对村委会的性质、任务、组织原则做出了规定，基层群众自治制度在农村焕发出了强大生命力，在实践中不断发展壮大。在制度设计中，基层群众自治与人民群众的切身利益密切相关，能够直接反映人民群众的利益诉求。但在现阶段的实践中，农村村民委员会运作出现了大大小小的问题，影响着农民的诉求表达。

农村村委会“政治地位的淡化”。在部分农村地区，村委会缺乏必要的经济基础，甚至呈现“三无”状态：无固定的办公用房、无必需的办公设备、无必要的活动经费，严重影响了农村村委会工作的积极性和主动性。同时，受到村内年轻人大都外出务工的影响，农村村委会的工作人员年龄普遍偏大。经费和人员影响让农村村委会在处理农民诉求表达问题上大打折扣。

基层群众自治组织也是征地的利益相关者。农村村委会在农地征收过程中不是置身事外的。在我国广大乡村，在后农业税时代，在农村土地集体产权制度下，村民自治委员会首先是一个财产权主体而不是农村公共服务的提供者或者说首先不是办理农村公共事务的服务者。[71]前述文献评述中曾提到的征地冲突包括农户和村集体之间的冲突，在经济人理性假设下，农户是会寻求自身利益的。

虽然现行政治体制为民意的表达进行了制度和体制上的安排，但还远远不能有效满足民众的诉求表达需求。制度安排与现实实践过程中出现的偏差，既有机构和工作人员的原因，也是农村以及征地冲突的特性所致。制度化诉求表达渠道所呈现出的低效甚至无效，为非制度化诉求表达提供了契机。

假设6：基层群众自治制度的完善与发挥对失地农民网络诉求表达风险行为产生正向影响。

（5）一方面，《土地管理法》规定，征收耕地的土地补偿费，为该耕地被征收前三年平均年产值的六至十倍。每一个需要安置的农业人口的安置补助费标准，为该耕地被征收前三年平均年产值的四至六倍。征收其他土地的土地补偿费和安置补助费标准，由省、自治区、直辖市参照征收耕地的土地补偿费和安置补助费的标准规定。被征收土地上的附着物和青苗的补偿标准，由省、自治区、直辖市规定。政府在土地补偿标准上具有较大的自主权，在年产值的倍数区间内政府具有充足的选择空间。农民在土地征收过程中能够获得多少补偿，有赖于政府的决定。

另一方面，“门难进、脸难看、事难办”不仅是一句调侃，也是许多农民在诉求表达过程中所遇到的。公务员队伍及其编外人员在执行公务过程中的行为差异，给人们对政府的印象带来了诸多的不确定性。在进入公务员队伍之初，公务人员都经过严格的考察，但在基层政府日常琐事的处理过程中，他们是否还能够保有初心，对前来办事的群众、农民给予一种负责、热情、温和的态度，对服务对象提出的问题是否能够妥善解决都值得考量。在农地征收过程中，失地农民的诉求逐渐从单一化走向多元化，面临的问题不再是单独的某一个部门就可以解决的，有些时候需要多部门联合解决。然而在基层政府各部门职责不清晰的情况下，失地农民遇到更多的情况是不同部门之间相互推诿，“踢皮球”。

假设7：政府不当作为对农民网络诉求表达风险行为产生负向影响。

（6）移动互联网技术的发展。一方面，互联网的迅猛发展，以一种前所未有的方式和速度推动着社会治理创新。当前，互联网正在以一种难以想象的速度向农村延伸和渗透，物联网、大数据在农村也呈现出了十分广阔的应用前景，我国绝大部分农村地区互联网使用率逐年提升。不可否认的是，互联网在乡村振兴战略中承担着重要作用，对于国家对互联网在农村普及与发展的决心与信心,公众也有目共睹。移动互联网技术的发展、互联网在农村的普及与应用,在农地征收过程中农民网络诉求表达风险行为中发挥着重要的载体作用。在过去的几年中,农村互联网呈现出了爆发式的发展,过去的遥不可及变成了现在的触手可及。在广大农村地区,智能手机已经不再新鲜,从原来依靠数据网络到现在三大网络运营商都将目光投向农村,微信、微博等一系列支撑自媒体发展的App(手机软件)为人们所广泛使用,农民沉浸其中,不仅仅是信息的接收者,也在逐步成为信息的传播者与创造者。移动互联网的发展,技术流的进步,使得"人人都有麦克风",这无疑为农地征收过程中农民表达诉求提供了便利。

移动互联网沟通的及时性、双向性。不同于书信、现场反馈等传统渠道,移动互联网在信息传达与接收中具有先天性的优势,及时性是传统诉求表达渠道所不能比拟的。互联网以一种可以跨越时间与空间、联通纵向与横向的特性,使得农民的所思所想、所需所求及时反映在网络上,甚至在很大程度上能得到社会大众的关注,进而形成舆论压力,推动问题得到最快的回复或者得到妥善解决。互联网在诉求表达上的另一特性便是双向性。在互联网诉求表达的语境下,农民不再是单方向的表达者,甚至在某种程度上,农民与利益诉求表达的客体(政府、开发商、社会组织等)在同一平台上进行沟通,减少了诉求表达过程中的不对等。

假设8:移动互联网的发展对农民网络化诉求表达风险行为产生正向影响。

(7)寻求法律援助,通过提起诉讼的方式,表达自身的诉求,是农民的正当权利。权益的武器,同时也是"最后一道防线"。但在我国农村教育水平较低、法律意识薄弱、青壮年多外出务工的境况下,通过法律渠道表达在农地征收过程中的利益诉求,有时候会成为一种可望而不可即的方式。

法律援助政策宣传缺乏。我国农村地区较分散,人员呈现老幼极端分化的特点,虽然公益组织和部分机构组织过普法活动,但覆盖率仍然不理想,宣传方式陈旧,不能吸引农民的注意。受到农民自身文化素质的影响,传统的普法活动在全国范围内起到的作用是微乎其微的。由于农民对法律援助并不了解,这就让不少农民在表达自身诉求的时候不会首先选择申请法律援助。

法律援助的成本问题。即便是在有法律援助的情况下,农民依然要经历诉讼等多个环节，既需要金钱上的成本花费，也需要时间精力上的投入。这对农民而言，既需要金钱上的成本花费，也需要时间精力上的花费，导致法律维权机会成本高。另外，法律援助经费不足、法律援助服务人员匮乏，都会使得法律援助作用的发挥在农村陷入困境。

假设 9：农村法律援助现状对农民网络诉求表达风险行为产生负向影响。

（8）社会组织又称为“非政府组织”“非营利组织”“公民社会组织”“第三部门”，其不以营利为目的，主要开展公益性或互益性活动，是独立于党政体系之外的正式的社会组织。社会组织来源于社会，更加贴近于民众，在反映民众诉求上具有得天独厚的优势，也能够对政府政策和文件进行相应的普及与解读。

近年来，社会组织发展较好，农村社会组织的出现和成长能够为农地征收过程中农民诉求表达提供沟通与交流的平台，甚至提供相对专业化的指导。该组织的参与有助于失地农民在农地征收过程中的诉求表达呈现出的个体化特征得到改变。社会组织将分散的维权农民个体组织起来，便于形成比较强大的影响力，共同探寻征地冲突中问题的解决途径。

总体来看，当前农村社会组织、行业协会是比较欠缺的，志愿服务也较多聚集于环境保护和残疾人福利等领域。大部分农民对于社会组织的概念并不清楚，社会组织也集中于东中部城市区域，农村社会组织尚处于不完善的发展阶段，不能够充分发挥其对政府治理局限性的补充作用，也不能完全帮助农民在农地征收过程中有效表达其诉求。

假设 10：农村社会组织发展现状对农民网络诉求表达风险行为产生负向影响。

3.2 数据收集与实证分析

3.2.1 调查区域概况

本章调查区域分别为河北省的 L 村、D 村、S 村，3 个村庄是大广高速（G45）京衡段的经过之地。G45 高速是我国高速公路“7918 工程”规划网之一，北起黑龙江省大庆市，南至广东省广州市，是《国家高速公路网规划》纵向的第5条线。G45在河北省内全长407.5公里(1公里=1千米),包括京承段、京衡段和衡大段以及蒙冀界至承德段。京衡段起自廊坊冀京界,止于石黄高速互通桥,全长187公里,总投资100.47亿元。

京衡段,2008年11月河北省交通厅要求强力推进,2010年12月24日正式通车。在京衡段两年的建设过程中,并非事事顺利。例如,在××县人民政府办公室印发的《关于确定大广高速建设工程占地补偿标准和补偿办法的通知》中,这样写道,根据大广高速建设工程占地京衡段(固安至深州,共10个县市)统一补偿标准的精神,按照省大广高速指挥部要求,确定大广高速工程在我县境内补偿标准为:土地补偿费1.75万元/亩(京衡段全线前3年平均农业产值×10倍,即1 750元/亩×10),安置补偿费1.05万元/亩(京衡段全线前三年平均农业产值×6倍,即1 750元/亩×6),两项合计2.8万元/亩,其中,农户2.3万元/亩,村集体0.5万元/亩。补偿办法为一次性结清。

但D村部分农民对此提出了异议,他们认为大广高速占用的D村土地中很大一部分属于基本农田保护区,政府的安置补助费应执行当地政府公布的最高补偿标准,即20倍,县政府制定的6倍补偿标准是河北省政府允许的最低补偿标准。

3.2.2 调查样本数据

本章采用调研问卷的方式,在调查区选取3个村庄采用随机抽样的方法发放问卷。通过统计发放问卷207份,有效问卷202份,问卷有效率97.58%。有效样本的地域分布情况与被调查农民基本情况分别如表3-1和表3-2所示。

表3-1 有效样本分布情况

调查地点	样本数/份	比例/%
L村	72	35.64
D村	59	29.21
S村	71	35.15
合计	202	100

表 3-2　样本构成

变量名	分类标准	样本数/份	比例/%
性别	男	92	45.54
	女	110	54.46
年龄	18～30 岁	21	10.40
	31～40 岁	49	24.26
	41～50 岁	87	43.07
	51～60 岁	34	16.83
	61 岁及以上	11	5.44
受教育程度	小学	58	28.71
	初中	86	42.57
	高中	32	15.84
	专科	21	10.40
	本科及以上学历	5	2.48
身份	乡镇干部	3	1.49
	村委干部	2	0.99
	两者都不是	197	97.52
职业	农业生产	49	24.26
	农业生产＋打零工	119	58.91
	外出务工	8	3.96
	其他	26	12.87

3.2.3　调查数据回归分析

3.2.3.1　模型选择与指标体系

针对以上农地征收过程中农民网络诉求表达风险行为的诱发因子的研究假设，本部分内容采用 Logistic 回归模型进行分析。广义线性回归探索响应变量的期望与自变量的关系，以实现对非线性关系的拟合。Logistic 回归主要通过构造一个重要的指标——发生比，来判定因变量的类别。假设，事

件发生定义为 $Y=1$，事件没有发生定义为 0，则：

$$P=\exp(z)/1+\exp(z) \tag{3-1}$$

其中，$z=\beta_0+\beta_1X_1+\beta_2X_2+\cdots+\beta_nX_n$，为变量的线性组合。式(3-1)进行 Logit 变换后为：

$$\text{Logit}(p)=\beta_0+\beta_1X_1+\beta_2X_2+\cdots+\beta_nX_n+\varepsilon \tag{3-2}$$

为找出农地征收过程中农民网络诉求表达风险行为的诱发因素，本书选取如下变量：农地征收过程中农民网络诉求表达风险行为(Y)、农民民主与权利意识($X1$)、熟人社会心理因素($X2$)、制度化诉求表达渠道($X3\sim X5$)、基层群众自治制度($X6$)、政府行为($X7$)、网络技术($X8$)、法律援助($X9$)、农民社会组织($X10$)、农民文化程度($X11$)。其中，农地征收过程中农民网络诉求表达风险行为是因变量，农民文化程度为控制变量，其余为自变量。各变量的含义如表 3-3 所示。

表 3-3　变量表

变量	变量含义	变量	变量含义
Y	是否会通过网络表达在征地矛盾冲突中的诉求	$X6$	是否能够有效通过村委会表达自身在征地矛盾冲突中的诉求
$X1$	是否想要在征地矛盾冲突中表达自身诉求	$X7$	是否信任当地政府在征地矛盾冲突中的作为
$X2$	是否羞于面对面表达自身在征地矛盾冲突中的诉求	$X8$	当地网络基础设施是否完善
$X3$	是否能够有效通过当地人大表达自身在征地矛盾冲突中的诉求	$X9$	当地法律援助制度是否有效
$X4$	是否能够有效通过当地政协表达自身在征地矛盾冲突中的诉求	$X10$	当地是否存在以农民为主体的社会组织
$X5$	是否能够有效通过信访制度表达自身在征地矛盾冲突中的诉求	$X11$	被调查农民的文化程度

3.2.3.2　回归分析

模型设计中，“农地征收过程中农民网络诉求表达风险行为”是因变量 y，为 0－1 型的二分类变量。其中，农地征收过程中农民通过网络进行诉求表达为“0”，将其定义为“$y=0$”；反之，将农地征收过程中农民没有通过网络进行诉求表达为“1”，将其定义为“$y=1$”。农民民主与权利意识、“熟人社会”心理因素、制度化诉求表达渠道、政府行为、网络技术、法律援助、农民社会组织为自变量，同时农民文化程度为控制变量。

将调查数据录入 SPSS22.0 软件进行回归分析，结果如表 3-4 所示。

表 3-4　回归分析结果

解释变量	回归系数	标准误差	自由度	概率 P 值
$X1$	0.532	0.196	1	0.013
$X2$	−0.127	0.131	1	0.158
$X3$	−0.690	0.489	1	0.002
$X4$	−0.692	0.644	1	0.000
$X5$	−0.434	0.555	1	0.005
$X6$	0.237	0.191	1	0.012
$X7$	−0.332	0.184	1	0.015
$X8$	0.835	0.740	1	0.004
$X9$	−0.709	0.402	1	0.002
$X10$	−0.878	0.180	1	0.000

根据回归分析结果可知：

(1) 通过对内因两方面的回归分析，结果显示，农民民主与权利意识变量的回归系数为 0.532，P 值为 0.013，在 0.05 显著性水平下通过检验。这表明农民民主与权利意识高会正向影响失地农民网络诉求表达风险行为。熟人社会的心理影响变量的回归系数是−0.127，P 值是 0.158，未通过显著性检验。这表明，熟人社会的心理影响指标对失地农民网络诉求表达风险行为的影响不显著。

(2) 制度化诉求表达体系是否完善对农地征收过程中农民网络诉求表达风险行为的影响较为显著。从回归分析结果来看，基层人大、政协、信访制度 3 个变量的 P 值显示，均在 0.01 水平上通过显著性检验，影响系数分别为−0.690、−0.692、−0.434。这表明，制度化诉求表达体系变量对失地农民网络诉求表达风险行为产生负向影响。也就是说，原有的制度化诉求表达体系越不完善，失地农民网络诉求表达风险行为越多；反之，则失地农民网络化诉求表达风险行为相对减少。

(3) 基层群众自治制度的完善与作用发挥对失地农民网络诉求表达风险行为的影响显著(P 值为 0.012)。回归结果显示,影响系数为 0.237,呈正向影响。这表明,农村基层自治制度越完善,失地农民网络诉求表达风险行为越少。

(4) 政府不当行为变量对农地征收过程中农民网络诉求表达风险行为具有显著负向影响(P 值为 0.015)。从回归分析结果来看,是否信任当地政府在征地矛盾冲突中的作为变量的影响系数为−0.332。这表明,在引发农民网络诉求表达风险行为的外部因素中,政府不良行为对失地农民网络诉求表达风险行为产生负向影响,通过假设检验。

(5) 从回归分析结果来看,网络技术发展变量的回归结果中,回归系数为 0.835,P 值低于显著性水平 0.01,意味着网络技术发展对农地征收过程中农民网络诉求表达风险行为具有显著的正向影响。这表明,网络信息技术的发展和农村网络基础设施的建设为农民网络诉求表达风险行为提供了物质基础。

(6) 从"法律援助"和"农村社会组织"两个变量的回归分析结果来看,两个变量都与农地征收过程中农民网络诉求表达风险行为具有显著相关性(P 值均小于 0.01),其回归系数分别为−0.709 与−0.878。这表明,农村法律援助的困境与农村社会组织职能的缺失会一定程度上促使农地征收过程中农民网络诉求表达风险行为的发生。

3.3 回归分析结论

3.3.1 农地征收过程中农民网络诉求表达风险行为的内因作用不明显

在农地征收过程中农民进行网络化诉求表达,不仅受外部环境的影响,而且存在其内部原因。在研究假设中,假设农民网络化诉求表达风险行为受农民权利意识的不断高涨与熟人社会的心理影响的双重内部作用。但后期的回归分析结果显示,农民网络化诉求表达风险行为与熟人社会的心理影响相关性不显著,假设不成立,农民依然会在这种社会背景下选择面对面的诉求表达方式。相比较而言,农民权利意识的不断高涨的回归系数较高,农民权利意识不断高涨，在面对征地冲突治理时不再沉默，敢于表达自身的诉求，并寻求有效的诉求表达渠道。从沉默到将自己的诉求表达出来是农民群体迈出的一大步，是新时代农民特点的体现。但从其 Wald 检验概率 P 值来看并不显著，可能是受样本较少、数据偏差等因素的影响。

3.3.2 农村网络技术的发展为失地农民网络诉求表达风险行为提供了条件

没有农村互联网技术的发展与网络基础设施的建设，农民网络化诉求表达风险行为就如同纸上谈兵。在调查数据中，两项数据都显示被调查区域农村基本实现网络畅通，故障出现较少，且当地农民使用网络频率已在走高。回归分析结果显示，从回归系数和 Wald 检验概率 P 值来看，网络技术发展与农民网络化表达风险行为密切相关，原假设成立。

通过调查与实地走访，被调查区域网络设施基本完善，电信与联通宽带都已经连通村落，费用维持在 59 元/月，节假日可调至 39 元/月，近几年呈现不断走低的趋势。不断降低的宽带费用，数据网络的畅通与加速，智能手机的应用，这些在被调查区域村庄已成常态，这为农地征收过程中农民网络诉求表达风险行为提供了技术与物质基础。今后无论是基于农民诉求表达的需要还是基于乡村振兴战略的需要，农村互联网基础建设都需要进一步加强。

3.3.3 制度化诉求表达渠道低效会导致农民网络诉求表达风险行为

我国在制度设计上已为农民进行诉求表达提供了制度化的诉求表达渠道，但在现实实践中却出现了种种问题。从回归分析结果来看，基层人大、政协、信访制度 3 个变量的影响都在 0.05 的水平上显著，这也充分显示了制度化诉求体系不完善成为农地征收过程中农民网络诉求表达风险行为的重要影响因素。根据调查结果，基层人大、政协与公众的疏离，信访制度的繁杂与时间金钱成本，都让农民在农地征收过程中进行诉求表达时，甚少或者不会选择这些途径。村委会成为农民在遇到征地矛盾冲突时的主要选择，但村委会自身能力与权力有限，也会限制村委会对农地征收过程中农民诉求表达的回应。

制度化诉求表达体系的不完善，呈现出的低效状态，使得农民在面对农地征收时不得不寻求其他的诉求表达渠道，这也使得该因素成为农地征收过程中农民网络诉求表达风险行为的重要因素。为充分践行“以人为本”的核心理念，还需进一步畅通制度化诉求表达渠道，使人大和政协表达民情民意的作用真正下沉到基层，规范信访程序，提高村委会工作能力与工作人员素质，使农民能够通过现有的制度化诉求表达渠道有序表达自身的诉求。

3.3.4 农村法律援助困境与行业协会的缺失助推了网络化诉求表达风险行为

根据回归分析结果，农村法律援助、农民社会组织与失地农民网络化表达风险行为呈现反比关系。农民作为弱势群体，其所拥有的社会资源、动员力和号召力都是有限的，所以农民在诉求表达的过程中倾向于个体化，选择做自己的代言人。即使在同一征地矛盾冲突中，形成的也仅仅是因为临时的利益诉求而聚集在一起的具有共同目标的临时性群体，他们的知识水平与表达能力都具有一定局限性，无法更有效地表达诉求。

调查显示，被调查区域内的村庄不存在正式的以农民为主体的社会组织。建立起以社会精英牵头的以农民为主体的社会组织，不仅可以更加直接地代表农地征收过程中失地农民的利益，表达他们的利益诉求，也可以充分发挥社会精英知识储备丰厚、组织能力强的优势，起到引领作用，推动农民实现诉求有效表达。建议继续引导建立更多以农民为主体的社会组织，为农民在农地征收过程中的诉求表达提供支持。

3.4 本章小结

本章主要研究了农地征收中农民网络诉求表达风险行为的诱发因素。本章首先分析失地农民诉求表达及其回应的现状、存在的问题；其次从农地征收中农民网络诉求表达风险行为的内因、外因两个层面归纳、总结并提炼诱发因素，据此提出研究假设；进而根据研究假设设置量化指标体系，选择样本区，通过问卷调查的方式收集数据；然后在数据整理和统计分析的基础上进行研究假设的验证性回归分析，对农民网络诉求表达风险行为的重要诱发因素进行识别和判断。

实证结果显示，农民民主与权利意识高，会正向影响失地农民网络诉求表达风险行为;熟人社会的心理影响指标对失地农民网络诉求表达风险行为的影响不显著;原有制度化诉求表达体系变量对失地农民网络诉求表达风险行为产生负向影响;基层群众自治制度的完善与发挥对失地农民网络诉求表达风险行为的影响显著;政府不当行为对失地农民网络诉求表达风险行为产生负向影响;网络技术发展对农地征收过程中农民网络诉求表达风险行为具有显著的正向影响;农村法律援助的困境与农村社会组织职能的缺失会一定程度上促使农地征收过程中农民网络诉求表达风险行为的发生。

4

农村宅基地使用权放活的运行风险分析

深化宅基地制度改革是我国实施乡村振兴战略的重要内容,宅基地使用权的放活工作将会继续推进。本章以农村宅基地使用权放活为主题,以Q村为案例研究对象,研究在新的时代背景下农村宅基地使用权放活的利益主体参与机制,分析其中的利益链和利益冲突风险,并提出应对策略。在农村宅基地使用权放活过程中,村民作为宅基地使用权的拥有者如何参与宅基地使用权放活,村集体作为宅基地所有权者如何主导和协调村集体内宅基地使用权的放活工作,宅基地使用权的被让渡者(企业)、有关政府部门等其他主体各自扮演着怎样的角色,不同利益主体之间有利益矛盾和冲突的源头为何,对具体案例的剖析将为这些问题提供可靠的答案,这对深化农村宅基地制度改革具有重要的实践价值。

4.1 农村宅基地使用权放活的利益主体

2013年,《中共中央关于全面深化改革若干重大问题的决定》拟定了开展农村宅基地改革试点,并通过村民住房财产权显化改革,逐步达到保障村民宅基地用益物权,增加农民财产收入的目的。这就意味着,农民对宅基地财产性收益的诉求已受到政府部门的重视,我国正式拉开了农村宅基地改革的序幕。2015年,《关于农村土地征收、集体经营性建设用地入市、宅基地制度改革试点工作的意见》和《关于开展农村承包土地的经营权和农民住房财产权抵押贷款试点的指导意见》先后颁布并实施,我国开始大胆尝试赋予农村宅基地使用权财产收益的试点工作。2018年,中央一号文件《中共中央国务院关于实施乡村振兴战略的意见》提出农村宅基地使用权放活的政策,指出要完善村民闲置宅基地和闲置农房政策,探索农村宅基地所有权、资格权和使用权的"三权分置",落实宅基地集体所有权,保障宅基地农户资格权和村民房屋财产权,适度放活宅基地和村民房屋使用权。2019年,《关于进一步加强农村宅基地管理的通知》发布,对盘活宅基地闲置资源提出进一步要求。2020年,《深化农村宅基地制度改革试点方案》强调,要落实宅基地集体所有权、保障宅基地农户资格权、适度放活宅基地使用权,同时保障村民房屋财产权和适度放活村民房屋使用权,即农村宅基地"三权分置"。

目前我国农村宅基地使用权放活的试点地区大部分都形成了具有本地特色、适合当地发展的运作模式。根据采用模式的不同,其利益主体参与的形式也有所不同。例如:义乌是农村宅基地制度改革实践较为成功的地区,义乌模式的做法主要是,以市场化为改革方向,通过有偿选位、有偿调剂、有偿流转、集地券等方式积极探索宅基地使用权流转市场。[72]在海南模式中,保亭县什进村以土地入股的方式进行宅基地使用权放活,对宅基地统一规划,拆旧建新,将节余出来的建设用地进行经营性开发,村企合作,村民以土地使用权入股公司,参与收益分配。[73]天津蓟州小穿芳峪村引进公司制管理模式开展统一经营,建设特色民居,发展乡村旅游,先后被评为乡村旅游重点村、乡村治理示范村、国家森林乡村等,村民在这一改革模式中可以获得宅基地流转租金,共享收益。[74]

义乌宅基地制度改革模式中涉及的利益主体主要有集体经济组织内部

成员与外部成员，政策规划实施的相关政府部门；海南宅基地制度改革模式中涉及的利益主体有村民、村集体、与村集体合作的企业；天津蓟州宅基地制度改革模式中涉及的利益主体包括村集体、农户和旅游公司。以上三种模式各具特色，同时也有共同之处。它们都无一例外地选择了与企业合作，参与市场化运作的方式；宅基地制度改革参与主体都涉及村集体、村民和企业，自然资源管理部门、农业农村部门等相关政府部门在宅基地制度改革过程中也发挥着重要作用。

4.1.1 农村宅基地使用权放活的利益主体构成

利益相关者，顾名思义就是有利益关联的人。这一概念产生于企业管理范畴，由伊戈尔·安索夫在《公司战略》一书中首次提出，泛指与公司存在各种关系的个人或团体。利益相关者理论由斯坦福研究所提出，当时给出的定义是，利益相关者是指那些离开其支持，组织就无法生存的团体。管理学意义上的利益相关者是组织外部环境中受组织决策和行动影响的任何相关者。由此，利益相关者已不再局限于企业管理，政府部门、社会群体也被纳入利益相关者的分析和研究范畴。在此，本书对宅基地使用权放活利益相关者的界定是，在农村宅基地使用权放活过程中，与这一活动存在利益联系的组织或个人，他们受农村宅基地使用权放活实践的影响，同时也能发挥主观能动性对宅基地使用权相关制度改革产生一定的影响。

农村宅基地使用权放活过程中涉及的利益相关者大体可分为以下三类：第一类是宅基地使用权拥有者——村民；第二类是宅基地使用权流转的主导协调者——村集体；第三类是宅基地使用权被让渡者——企业。由于各地对于宅基地使用权流转的具体运作模式不同，使用权放活方式不同，因此涉及的具体利益相关者可能会有所不同。本章重点解析宅基地使用权放活案例中涉及的利益相关者，主要包括村集体、村民、企业、商户以及相关政府部门。

4.1.1.1 宅基地使用权流转相关理论基础

资源依赖理论主要揭示了组织与环境的依赖关系，该理论产生于 20 世纪 40 年代，到 20 世纪 70 年代以后才被广泛应用到组织关系的研究中。根据资源依赖理论的基本原则，任何组织都需要维持生存的相关资源，这些资源可以通过周围环境或者通过其他组织等途径获取。在这一资源获取过程中，权利安排会对不同组织之间的关系产生重要影响。[75]资源依赖理论认为，组织为了谋求生存，需要与周边环境产生互动，并从中获得需要的元素，即所谓的资源。组织与环境的互动是一个动态过程，在这一过程中组织需要根据内外部环境生态，不断调整自身并做出恰当的决策，促进与周围环境的良性互动。

根据资源依赖理论，Q村宅基地制度改革参与主体会因为不同的利益需求而与其他主体产生联系、展开合作。本章重点分析Q村不同利益主体在村内宅基地使用权放活过程中存在的资源依赖和利益联结关系，从中提炼农村宅基地使用权放活过程中的利益矛盾，发现隐含的风险因素。案例中，村民为了将闲置宅基地资源盘活，选择了以出租宅基地使用权的方式进行宅基地流转。村集体经济组织出于落实国家战略和政策、带动村集体经济发展、合理利用和盘活闲置宅基地资源的考虑，与企业合作，组织并实施盘活闲置宅基地资源，采取了宅基地使用权租赁运作模式。宅基地租赁企业在考察当地经济社会基本现状之后，通过租赁村集体闲置宅基地，发掘和开展商铺租赁、农产品销售及流通、电子商务等商业活动并从中获利。该模式依靠和利用当地现有资源，为当地居民提供生活便利的同时，促进了周边居民就业和增收。

4.1.1.2 案例解析

1. Q村基本情况

Q村位于河北省邯郸市，是武安市(县级市)的工业园区下辖村，离市区较近，南临国道，交通便利，且与多个村庄相邻，具有良好的区位条件和较多的发展机会。Q村村名的由来与曹植文化有关，具有一定的历史文化积淀，环境较好，旅游资源丰富，近年来融入曹植文化逐步建成美丽乡村。当地村民以务农为主，受市区经济社会发展的辐射带动作用，村内青壮年劳动力多在附近的市区及周边地区就近工作，多具有较为稳定的非农收入来源。

Q村位于冀南地区，矿产资源丰富，重工业发达，为该村的居民提供了大量就业机会。随着近年来产业转型的需要和可持续发展的要求，大量工厂、矿区被迫减产停产甚至关闭，出现了工作待遇下降、就业机会减少的现象。因此，越来越多的青壮年劳动力选择离家外出务工。在Q村老人、儿童留守的居多,部分有能力的村民选择直接外迁,出现了大量闲置的房屋和宅基地,这就导致Q村整体生产活力逐渐下降。乡村振兴战略的落地和推进,对农村创新型生产生活方式提出了新的要求,现有生产条件和闲置宅基地资源成为可以发掘的市场资源。

2. 案例介绍

2014年,Q村开始谋划新的发展出路,旨在为村内的生产发展注入活力。村集体综合村内交通、资源、人力等现有条件,确定了利用村内大量闲置的房屋、宅基地建立综合性农贸市场的项目。建造农贸市场需要前期投入较多的资金,如需要对宅基地使用权转出的农户支付租金等。市场的手续办理、具体运营都需要专业的人员进行操作和管理,种种难题使得项目计划一度被搁置。之后,武安市Y房地产公司的投资和加入,推动了Q村该项目的实施落地。

Q村村委会作为村集体经济组织代表,将位于村口的200多亩房屋和宅基地出租给Y房地产公司,双方签订了2014—2028年为期10余年的租赁合同,并约定到期后续约,后续还会根据需要租赁更多宅基地。Y房地产公司以每亩2.3万元的价格对宅基地使用权所有者(农户)给予补偿,补偿款一次性付清。

合同签订后,Y房地产公司在这片宅基地上统一开发和修建商铺、仓库等。市场建成后出租给入驻的商户,租期按一年期滚动,到期后可选择是否续租,入驻商户给付的租金包含商铺的水电费,商户无须承担物业费、清洁费等。由于涉及市场监管问题,相关政府部门专门在市场内设立了驻场管理办公室,指导市场开展食品安全管理工作。市场开办方Y房地产公司在农贸市场内设立市场管理办公室,负责市场的日常经营管理工作。

Q村通过将闲置宅基地租赁给房地产公司建造农贸市场的方式,一定程度上实现了农村闲置宅基地资源节约集约利用问题。对Q村而言,村民通过出租宅基地,从中获取财产性收入。同时,村民还可以在农贸市场内开设商铺,解决了农村劳动力就业问题。对房地产公司而言,从建造并运营农贸市场中获取收益的同时响应了国家乡村振兴战略的号召,获得了当地政府相关部门的支持。农贸市场的建立,对Q村及周边地区的辐射作用是显而易见的,一方面为周边居民提供了大量的就业和创业机会,另一方面给附近村民的购物、生活提供了便利,周边村民可以用更优惠的价格在市场内进行批发、买卖。

如图 4-1 所示，Q 村案例中宅基地使用权放活过程中的参与主体包括村集体、村民、企业、政府部门、商户以及市场管理人员。

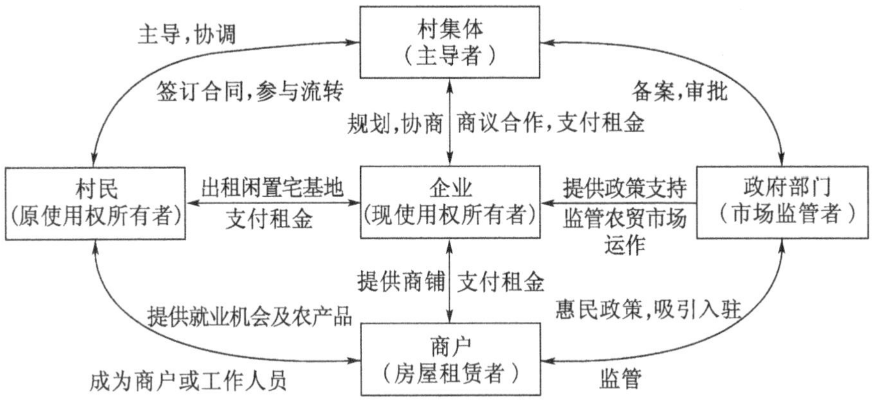

图 4-1　Q 村宅基地使用权放活主体参与结构

第一，村集体。我国农村宅基地所有权属于村集体经济组织所有，现行村治模式下，村集体经济组织的代表一般由村委会担任，在宅基地使用权放活过程中村委会充当着发言人的角色，起到主导和协调的作用。Q 村宅基地使用权放活案例中，村集体（村委会）根据本村情况，做出与 Y 房地产公司合作建造农贸市场的决策。在与 Y 房地产公司达成宅基地租赁合作意向后，村委会负责与村民沟通，询问村民意愿。村委会代表村集体经济组织与 Y 房地产公司签订租赁合同，由该公司在本村闲置宅基地上建造农产品交易市场，村委会在这一过程中起到企业与村民沟通的桥梁作用。一方面村委会代表村民与企业进行沟通交涉，协商合作事宜并为村集体和村民争取利益；另一方面，村委会负责向村民传达与企业的合作内容、转发租金，并负责协调后续村企合作以及与村民有关的其他事宜。

第二，村民。具有农村集体经济组织成员资格的村民拥有农村宅基地使用权，是宅基地使用权流转的重要参与主体。村民在法律法规允许范围内，可以在宅基地上建造房屋并通过房屋出租来获取收益。Q 村村民由于外出务工的实际需要，许多宅基地和房屋被闲置，这使得村内部分自然资源和资产得不到有效利用。在村委会的主导、组织和带领下，村民将闲置的宅基地或房屋进行整理或整治，通过签订长期租赁合同的方式，将闲置资源以出租形式流转给 Y 房地产公司。资产盘活后,村民获取租金收益。村民还可以自愿选择在市场就近就业。

第三,企业。企业是农村宅基地使用权流转的重要主体。Y 房地产公司顺应了乡村振兴发展的国家战略需求,与 Q 村进行合作,租赁村内大量闲置宅基地,发展农村新业态。公司将租赁宅基地上的原有房屋推翻,统一盖成商铺,建造成农产品交易市场。市场运营中,通过吸引商户入驻、向商户收取店铺租金方式获取收益。同时 Y 房地产公司还在市场内开展电子商务服务,打造电子商务交易平台;提供物流服务,并为市场建造了线上购销通道。市场的日常管理由 Y 房地产公司负责,设有专门管理机构,并聘有专业人员进行管理和服务。

第四,政府部门。政府部门在 Q 村宅基地使用权放活过程中主要扮演着监管者的角色。基层政府部门在市场内被视为"安保员",市场治安情况是反映政府在村民心中公信力的试金石。市工商局在 Q 村农产品交易市场内设立了驻场管理办公室,负责指导和监管市场内的各项经营管理工作。相关政府部门对宅基地使用权放活过程实施监管,为村民、商户等主体提供了强大的信誉保障,在应对市场风险、市场经营管理中起到了安全保障作用。

第五,商户。商户指入驻农贸市场进行产品售卖的个体户,在 Q 村宅基地使用权流转案例中,部分商户并没有直接参与农村闲置宅基地的流转过程,而是在企业租赁宅基地建立农贸市场后,只参与了"商户—企业"场地租赁再流转的环节。部分商户则具有闲置宅基地使用权所有者、商户租赁者的双重身份。由于距家较近,又能较好兼顾农业生产,农贸市场内的商户主要来自 Q 村及周边地区村民。商户通过入驻农贸市场、批发售卖产品获取收益,通过这种方式实现就近就业并获得非农收入。

第六,市场管理人员。在 Q 村农贸市场中,企业和政府部门共同管理市场运作。企业内部设立管理办公区,负责市场的日常经营管理工作。政府部门在市场内设立驻场管理办公室,对市场进行统一监督。此外,市场内还设有负责卫生、安保、消防等方面的专门管理人员及其他工作人员。

4.1.2 农村宅基地使用权放活利益主体功能

4.1.2.1 利益主体功能分析

农村宅基地使用权放活利益主体功能体现了不同利益主体所应当发挥

的作用。表4-1所示为当前3种主要的农村宅基地使用权放活模式中,不同利益主体在其中应发挥的功能。义乌模式中,政府部门负责制定相关政策;村集体主导宅基地使用权流转并协调村集体内部成员之间、企业与村民之间的合作关系;村民配合村集体安排,通过不同方式参与宅基地使用权流转;企业则根据当地宅基地制度、政策与村民进行合作,参与宅基地使用权流转。海南模式与蓟州模式中,政府部门并不直接参与宅基地流转,而是负责宅基地流转活动的审批和备案;村集体在其中起着主导和协调的作用;村民和企业的功能及参与方式有所不同。海南模式中,村民在村集体的主导下,利用宅基地使用权入股,参与运营和发展;企业进行投资建设,开展村企合作。蓟州模式中,村民将宅基地交由旅游公司代为经营管理,自己收取租金;企业则负责将分散的宅基地统一经营,打造特色农房,与村民合作经营。

表4-1 不同模式中的主体功能概况

模式主体	政府部门	村集体	村民	企业
义乌模式	制定政策	主导、协调	不同方式参与流转	以不同方式参与流转
海南模式	审批、备案	主导、协调	宅基地使用权入股	投资建设,与村民合作
蓟州模式	审批、备案	主导、协调	与旅游公司合作经营	管理,与村民合作经营

4.1.2.2 Q村宅基地使用权放活中利益主体功能

1. 村集体——主导协调

在Q村宅基地使用权放活案例中,村集体发挥着主导、规划和协调的作用,代表村民与企业进行有关合作的交涉,负责洽谈,是村民集体利益的代表和发言人。村集体还负责向村民传达企业的合作意向、合作内容等,积极动员村民参与到宅基地使用权流转中。

2. 村民——出租闲置宅基地

村民主要是在村委会的带领下,与企业签订租赁合同,出租宅基地。部分有能力的村民在农贸市场租赁商铺从事经商活动,或作为工作人员应聘到市场工作。市场的建立为附近村民买卖农产品等日常生产和生活物品提供了便利。

3. 企业——租赁宅基地、管理市场

企业在政策引导和支持下，与Q村进行合作，租赁闲置宅基地，完成宅基地使用权流转。Y房地产公司在合同签订后，建造农贸市场，吸引商户入驻进行商品营销；企业负责招聘市场管理和其他工作人员，对市场内部运营进行管理；企业可以为商户提供物流服务。

4. 政府部门——审批、监管

政府部门负责Q村宅基地使用权流转活动的备案和审批，为企业和商户提供一定的政策支持，市场设立驻场管理办公室，对市场的运作状况实施监管。

5. 商户——租赁房屋、销售产品

商户以缴纳租金方式租赁市场内的商铺进行营销活动。入驻前，商户首先在工商部门进行注册、办理营业执照，规模较大的可以招聘员工销售产品。

6. 市场管理人员——管理市场

市场内专门设置了卫生、安保、消防安全、食品安全等方面的管理人员和服务人员，针对市场不同方面进行专门管理。

4.1.3 农村宅基地使用权放活利益主体角色

4.1.3.1 利益主体角色概况

农村宅基地使用权放活利益主体角色主要体现的是不同利益主体在其中实际扮演的角色。表4-2为当前3类宅基地使用权放活模式中不同利益主体扮演的角色。其中，村集体均作为宅基地使用权放活的主导者，对合作项目进行规划、决策、安排。政府部门在义乌模式中提供政策支持，在海南模式和蓟州模式中则作为使用权放活项目的审批者。村民在义乌模式中是宅基地使用权的供给方。在海南模式中，村民既是以宅基地使用权入股的股东，也是进入企业工作的工人。在蓟州模式中，村民作为宅基地使用权拥有者，将宅基地交给企业进行经营管理，与企业按比例分配经营盈余。在义乌模式中，企业是宅基地使用权需求方，在海南模式和蓟州模式中企业均为管理者，负责投资建设和项目运营。

表 4-2　不同模式中的主体角色

模式主体	政府	村集体	村民	企业
义乌模式	政策制定者	主导者	宅基地使用权供给方	宅基地使用权需求方
海南模式	项目审批者	主导者	股东、工人	管理者
蓟州模式	项目审批者	主导者	使用权所有者	管理者

4.1.3.2　Q村案例中农村宅基地使用权放活的利益主体角色

1. 村集体——主导者

在Q村宅基地使用权放活案例中，村集体是主导者，负责与村民和企业进行联系，在整个项目的全过程发挥着重要作用。

2. 村民——原使用权所有者、商户、工作人员、消费者

村民作为宅基地使用权所有者，出租闲置宅基地，收取租金。村民同时也是农贸市场内的商户、工作人员和消费者。

3. 企业——宅基地使用权租赁者、市场管理者、商铺提供者

企业在租赁村民的闲置宅基地后便在合同期内拥有了宅基地使用权。企业是市场的管埋者，也是商铺的提供者，管理农贸市场的运营，向商户出租商铺。

4. 政府部门——市场监管者、政策支持者

政府部门是农贸市场的政策支持者和监管者，负责提供惠民政策吸引商户入驻农贸市场，同时监管市场运作。

5. 商户——房屋租赁者、卖方

商户租赁农贸市场内的商铺，用以销售产品，为消费者提供产品和服务。

由此可见，在各地农村宅基地使用权放活过程中，不同利益主体的功能及其实际扮演的角色二者之间存在一定差异。有些是应有的功能没有得到很好的发挥，如Q村案例中，村集体在项目实践中起到了主导作用，村民基本处于被动接受的状态。如果期间村集体和企业之间的协商或谈判出现了损害或侵占村民利益的行为，后续将引发较多矛盾纠纷，存在一定矛盾冲突的风险。有些差异是因为宅基地使用权放活过程中出现了村民以多种形式

参与经营或收益分配，导致同一主体可能同时扮演了多种角色，这种角色之间的利益协调也可能存在矛盾。

4.1.4 农村宅基地使用权放活主体利益需求

农村宅基地使用权放活本身即是对农村宅基地制度的一项变革，制度变革必定涉及资源在不同利益主体之间的重新配置。宅基地制度改革是实施乡村振兴战略的重要抓手，乡村振兴的重要目标之一是农民增收。提高农民财产性收入是农业农村现代化进程中的应有之义。评判农村宅基地使用权放活的运行效果，农民的获得感是重要的指标。但是，不同主体共同参与这一变革，无疑存在着多主体的多元利益诉求。

4.1.4.1 政府——整合并高效利用宅基地资源

农村宅基地大量闲置或非法流转都会导致资源无法有效利用。国家实施“三权分置”改革措施，就是在不改变宅基地所有权关系的前提下，设法把这项“沉默资产”激活。各级政府部门为落实乡村振兴战略，推进农村宅基地制度改革，出台了多项宅基地使用权放活的具体措施和支持政策，目的是要盘活农村闲置的宅基地资源，赋予农民财产性收益权，以城带乡，实现城乡融合发展。

4.1.4.2 村集体——发展乡村

村集体从集体利益的角度考虑问题，为了解决本村“空心村”“宅基地闲置”等问题，同时也为了留住农村劳动力，积极探索宅基地使用权放活路径，希望通过放活宅基地使用权，为集体经济组织成员妥善管理闲置宅基地资源，让村民以合法途径获得财产性收益。有了增收渠道，农村劳动力才留得下，乡村振兴才有希望实现。农村宅基地使用权放活为村集体带来了更多发展机会。

4.1.4.3 村民——获得财产性收益、就业机会

村民参与宅基地使用权放活一般有两个目的：一是以抵押贷款、租赁、合作经营、置换等方式谋取福利，从中获取不同形式的财产性收益；二是为了获得就业机会。Q村村民通过出租宅基地，支持建设农贸市场，村内生产的农产品也有了稳定的销路。有能力的村民还可以在市场内获得就业

机会。

4.1.4.4 企业——盈利

企业作为营利性组织，无论以何种方式参与农村宅基地使用权放活，主要目的都是盈利。无论独立经营或者合作经营，企业都是直接获益者。宅基地使用权放活是国家宅基地制度改革的重要举措，对于参与宅基地制度改革的企业，相关政府部门会有一定政策、财政和金融支持。企业参与落实国家战略计划，参与宅基地制度改革实践，可以树立自身在村民心中较好的企业形象，获得良好的社会名声，这对企业来说是一种无形的宣传。

4.1.4.5 商户——经营门店获收益

商户的主要利益需求是通过销售包括农产品在内的商品获得盈利，他们选择与企业签订租赁合同，租用农贸市场内的商铺。市场为个体经营活动提供一个固定场所。商户在门店进行经营获益的同时，还可以享受企业提供的物流服务、卫生安全管理服务等。

4.2 农村宅基地使用权放活的利益主体参与机制

4.2.1 农村宅基地使用权放活利益主体参与运营内容

Y 房地产公司租赁 Q 村闲置宅基地后，建立农产品交易市场，主要通过出租市场内店铺收取租金来获取收益。农产品交易市场内的商户大多是 Q 村或附近村民，商户租赁市场内的店铺，每年一租，到期后续租。市场主动向入驻商户提供清洁、水电等服务。此外，Y 房地产公司在市场内设立电子商务平台，商户可通过该平台在网上售货，并有专门的物流运输，可以免费向周边农村配送货物。

4.2.1.1 线上——电子商务

市场内设有农村电子商务公共服务中心，建立了电子商务产业园和仓储中心，配有免费的物流运输专车，拓宽了农贸市场的销售渠道。Q 村及附近村民买菜和进货等大多在农贸市场进行采购，市场内农产品的价格相对较低，因此成为多数村民的选择。附近村民距离市场远近不一，市场的设立为附近地区村民购物提供了便利，而电子商务平台的设立、物流服务也能让距离较远的村民获益。为村民提供更多便利的同时，商户也赢得了更多消费者。

商户可以在互联网平台上进行商品的宣传和销售，消费者可以足不出户地完成日常购物，Y 房地产公司提供的专车配送更是方便了周边村民的生活。近几年兴起的网上购物，使周边村民可以通过相应的 App，在手机上选货下单，第二天农贸市场的商品就能通过物流专车送到消费者家附近的提货点。线上售卖，商品的价格更加透明，商品信息也能一览无余，消费者能够货比三家，有更大的选择空间。消费者也可以在线上与商家进行有关商品的沟通，节省了往返时间，提高了效率。

尽管目前 Q 村农贸市场的电商平台还存在着产品质量和服务反馈不足等有待完善的问题，但总体是利大于弊的，突破了传统农贸市场存在的一些限制，为商户和村民提供了便捷、高效的销售和消费方式。

4.2.1.2 线下——以农产品交易为主

Q 村农产品交易市场是市重点建设项目之一。市场是集农贸、电商、建材、家具、仓储等多功能于一体的，总规划占地 800 余亩，总建筑面积 40 万平方米，预计总投资 25 亿元人民币，拟分期分批建设完成。市场位于 Q 村村南，占地面积 33 万平方米，有固定门店 400 余间，是一个主要经营各类农产品、预包装食品、五金、日用百货等的综合性市场。目前该市场以农贸市场运作为主，分为土产五金、日用百货、烟酒食品、米面粮油、水果、干菜调料和肉类水产等区域。

第一期工程为农贸区，占地面积 230 亩，于 2014 年 4 月开工建设。现已建成农贸商品交易用楼 29 栋，建筑面积 60 000 余平方米；仓库 11 栋，建筑面积 9 000 余平方米；冷库 1 座，建筑面积 8 000 平方米；农产品交易大棚 2 个，建筑面积 10 000 余平方米；综合服务楼 1 栋，建筑面积 3 000 余平方米。

该市场一期建成投运，设计商户共 600 户，现已入驻 430 户。作为县镇附近一个较大的农贸物流中心，Q 村农贸市场未来预计建成专业化、市场化、规模化、信息化的区域商贸集散中心，对加快建设更具实力、魅力、竞争力的新城区发挥更重大的作用。

4.2.2 农村宅基地使用权放活利益主体参与流程

Q村宅基地使用权放活过程如图4-2所示。案例所涉及的项目建立和实施过程为:Q村青壮年劳动力外出务工,部分村民随之外迁,产生了大量闲置宅基地。鉴于整合闲置宅基地资源和注入农村发展新活力的需求,Q村计划利用闲置宅基地建造一个农贸市场,但由于资金和专业人才的缺乏,起初的计划曾一度搁置。随后,Y房地产公司表示愿意与Q村进行合作,租赁一定数量的闲置宅基地,用公司的团队建造农贸市场。随即Q村村委会在村民自愿进行宅基地使用权流转的前提下,代表村民与该公司签订一定租期的宅基地租赁合同。Y房地产公司以每亩2.3万元的价格租赁Q村村口附近的闲置宅基地,将租金统一交付给村委会,一次付清,村委会再将租金分发给村民。合同到期后村委会根据村民意愿及公司发展需求选择是否进行续约。公司将市场内商铺出租给入驻的商户,并引进专业人才对市场内部运作进行管理。此外,市场内还建立了电子商务平台,提供线上售货渠道和物流服务。县镇工商局出于监管市场运作的需求,在市场内成立驻场管理办公室进行市场监管。相关政府部门还推出了一系列惠民政策吸引商户和顾客。

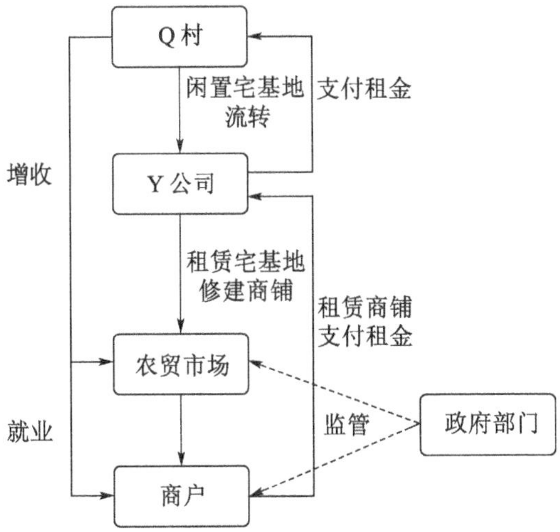

图4-2 Q村宅基地使用权放活过程

4.2.3 农村宅基地使用权放活利益主体参与管理内容

市场内设有管理机构，并聘请了专业的管理人员参与管理，现有管理人员及市场卫生、安保等服务人员共40余人，各部门分工协作、各司其职。

4.2.3.1 公司内部管理

市场开办方（Y房地产公司）在农贸市场内设立管理办公区，负责市场的日常经营管理工作。办公区主要设置办公室、物业、工程部、财务室等部门，分别负责公司的行政事务、市场维修及卫生安全、基建、财务等工作。对公司内部事务管理的有效性将会直接影响企业处理农贸市场相关事宜的效率。

4.2.3.2 市场管理

政府部门在市场内设立驻场管理办公室，市场管理实行目标责任制，要求做到“五定”，即定岗位、定职责、定人员、定标准、定奖惩，完善并落实网格化监管，做到分工明确，责任到人。市场建立食品安全、治安安全、消防安全、商品检验、索证索票、进销货台账、不合格商品退市等相关管理制度。驻场管理办公室的设立，有助于优化市场经营环境和服务环境，在保护消费者权益、监督经营者规范经营等方面将起到重要作用。

4.2.3.3 卫生管理

市场保洁人员实施分区管理，帮助商户及时清理门市内垃圾，做到了垃圾及时清运，门市前及道路上无积水、无垃圾、无脏物，摊位做到摊前、摊下、摊后卫生整洁。公厕内清洁及时，保证无明显异味。如遇恶劣天气，要求市场管理人员全员动手，及时清理街道，确保道路畅通。按照环境“洁齐美”的要求，做好市场内外基础设施及环境卫生建设。

4.2.3.4 安保管理

市场内原则上实现电子监控全覆盖、无死角，监控室轮流值班，24小时人员在岗。安保人员要求加强夜间巡逻，不允许有失盗失窃情况出现。市场内配备了符合标准的消防器材和设备，定期组织商户进行消防培训及演练。市场配有专业的电工，所有商户不得私接电线，一切相关事宜均由市场内专业人员处理，确保不出现安全隐患。

4.2.3.5 其他管理

市场内车辆停放及商户物品摆放等均有专人统一管理，要求车辆停放整齐、交通顺畅，无占道经营等情况。商户经营诚信方面，市场管理人员亲自督导，不允许出现哄抬物价、强买强卖、掺杂使假等问题，不得有销售假冒伪劣商品及过期、变质食品的现象。此外，市场还设有消防安全、治安安全、食品安全等方面的专门管理，确保农贸市场在一个安全稳定的环境下运行。

4.3 农村宅基地使用权放活的利益冲突风险

4.3.1 农村宅基地使用权放活多元主体利益关系

4.3.1.1 村民与村集体

村集体拥有宅基地的所有权，村民拥有宅基地的使用权，Q 村的宅基地使用权流转属于集体流转，即村集体经济组织策划流转，而非村民个人自发进行的流转。在村委会的主导和宣传下，村民结合自身意愿，与村委会进行沟通，再经村委会与企业协调，最后签订租赁合同。村委会是主导者，也是村民的代表和发言人，负责向企业传达村民的利益诉求，并组织和落实一系列流转相关活动。村民属于村集体经济组织成员，村集体代表村民，维护村民利益。多数情况下，村民是基于自身利益考虑做出宅基地使用权流转决策，村集体则要综合考虑绝大多数村民的利益诉求，不能只顾及少数人。

4.3.1.2 Q 村与企业

Q 村与企业作为宅基地使用权流转的关键主体，二者存在资源依赖关系。企业需要 Q 村的闲置宅基地来建立农贸市场，而 Q 村需要合理处置和激活这些闲置的宅基地和房屋。两者开展合作，企业获得约定年限的宅基地使用权用来修建房屋，建造农贸市场，吸引商户并获得商户租赁租金。Q 村的直接收益为宅基地使用权的租金，间接收益则在农贸市场建成后得到体现。首先，农贸市场的运营方便了 Q 村村民的生活，村民可以就近完成农产品等的物资采购，农贸市场同时也是一个大型的物流集散中心，为村民的购物、销售农产品等提供了极大的便利。其次，农贸市场为附近村民提供了大量的就业机会,村民可以进驻农贸市场成为商户并售卖产品,也可以通过应聘成为市场内的工作人员,如管理人员、安保人员、保洁、运输司机等很多岗位和工作可以选择。对Q村而言,农贸市场的大量工作机会,为本村留住了劳动力和人才。农贸市场吸引了大量商户和客源,这对Q村来说也是一种宣传。

4.3.1.3　政府与企业

地方政府部门出台了一系列惠民政策吸引商户入驻农贸市场,一方面有利于农贸市场的发展,给企业带来更多收益;另一方面,农贸市场对周边经济的辐射带动作用,也促进了当地经济社会的发展,有利于增强当地经济发展实力和竞争力,使地区经济呈现更好的发展态势。企业的商业活动受政府部门的监管,政府部门在农贸市场内设立了驻场管理办公室,方便就近监管。企业在政府部门监管下可能受到了一些限制,但政府部门的监管也有助于营造良好的市场环境,有利于农贸市场的健康稳定发展。

4.3.2　农村宅基地使用权放活多元主体利益链

目前我国农村宅基地使用权放活存在的各种模式中,无论是闲置宅基地的有偿退出,还是宅基地改造后再进行流转利用,对市场主导、集体主导、村民主导的各种模式进行比较,参与农村宅基地使用权放活实践的各利益主体的投入与收益有差别,但不同模式涉及的大体内容和方向是一致的。

村集体在宅基地使用权放活过程中,投入了闲置宅基地资源,通过与村民和企业互动,整合了闲置宅基地资源,为村民增加了财产性收入,村集体也获得了一定经济支持,可用于村内建设支出,有利于村集体内各方面工作更好地开展。

村民在宅基地使用权放活过程中以退出或流转的方式,将手中的闲置宅基地返还给村集体或者流转到其他成员、企业手中,从中获得租金、分红或其他经济补偿。在与企业合作的过程中,村民可以选择企业提供的就业机会就近就业,提供劳动力资源,获得工资收入。

企业以资金或股份的形式补偿给宅基地使用权人——村民,同时投入资金用于项目建设,投入人力物力进行项目的经营管理。企业建设、村民补偿、招聘培训人力、工人工资、水电费用等,都需要大量的资金支持。企业在这一过程中会获得政府对宅基地使用权流转项目的政策支持、市场经营收益。

政府部门在宅基地使用放活过程中投入负责项目审批备案的人力以及相应的政策支持。收益并不在于直接增加财政收入，而在于盘活农村闲置宅基地对本地区发展的带动作用、带动农民就近就业等社会效益。乡村地区通过不断激发自身内生发展动力才能更高效、更好地实现城乡融合发展，进而使得整个乡村更有实力和动力去获得更好的发展空间。

4.3.3 农村宅基地使用权放活多元主体利益冲突风险

4.3.3.1 Q村村内收益分配风险

Q村村民在宅基地使用权流转项目中的主要投入是部分闲置宅基地。Q村的主要做法是将这些宅基地出租给Y房地产公司，并从中获取租金收益，其中的受益者包括Q村村集体、出租宅基地的村民以及其他村民。出租闲置宅基地的村民获得每亩地2.3万元的租金补偿，这部分村民的收益主要来自租金。Q村其他村民在农贸市场建成后，有些选择到市场内租赁摊位成为商户，有些应聘到市场做工作人员从而获得就业机会，他们的收益来自个体经营或工资收入。对于村集体，Q村村集体将闲置宅基地出租后，获取的部分收益可用于村务处理和村级建设投资。其中因为涉及宅基地使用权流转的租金给付、市场摊位费收取、村集体对租金的提留等账目往来，不同主体之间分配的均衡问题可能导致利益冲突风险。

4.3.3.2 来自宅基地使用权流转方式的风险

宅基地使用权流转的方式有很多，如置换、抵押、发展农家乐和民宿等，无论是自主经营、合作经营还是委托经营，只要合法有序，能够盘活农村住房、解决宅基地闲置问题都值得尝试。村民也希望可以根据个人需要有多种选择的可能。案例中流转的宅基地是位于村口的地块，采用租赁的方式进行，部分有能力的村民以反租赁摊位的形式成为商户获得盈利，多数村民只能被动地接受租赁这一形式。该模式在一定程度上盘活了村内闲置宅基地，但带动村集体成员共同致富的使命并没有很好地实现，村民的主观能动性没得到充分发挥，在可持续性方面存在很大风险。如果租赁合同到期，企业不再继续投资经营该市场，村民也无可奈何。

4.3.3.3 来自村民意愿的风险

企业租用的宅基地主要分布在村口，但村口并不都是闲置的宅基地和房屋，也有正常居住的村民。这些村民并不是每户都愿意放弃自己的原住宅，也有一些村民对自家的宅基地另有打算。可见，Q村的宅基地使用权流转满足了大多数人的流转意愿，其中有少数村民尽管流转意愿并不强烈，但最终还是服从于集体的安排，签订了租赁合同。同时，村内位于其他地点的宅基地使用权所有者，也有流转宅基地的意愿，但由于其宅基地并不在项目实施区域内而失去了这次流转机会。不同农户对宅基地使用权流转的意愿和安排无法同时得到满足时，村民之间、村民与村委会之间可能由此产生嫌隙，成为矛盾风险的源头。

4.3.3.4 企业经营方面的风险

企业在宅基地使用权流转和商业经营中都需要较大投入，Y房地产公司投资Q村的项目，租赁200多亩闲置宅基地，又推翻旧房屋、统一建造农贸市场。在政府相关政策的支持下，市场顺利建成并正常运转。这种模式对政府政策有较强的依赖性，如果后续市场经营管理得当则能维持并实现长期经营。否则，当政策出现变动或市场出现波动时，企业会面临较大的经营风险。调查发现，农贸市场也在不断创新经营模式、扩大经营范围，比如发展电子商务、开展物流服务等，新业务的探索和实践风险也是由企业单方面承担的。Y房地产公司与Q村的合约到期后，面对是否续约问题，双方仍需要进一步洽谈，企业也面临续约失败的风险。总之，这种模式没有形成较好的“村企共建、共享收益”风险分担机制，是企业长期发展需要考虑的问题。后续村集体和企业之间可以在这一方面共同谋划，实现深入融合，这有利于企业长期发展，同时也能进一步增进村民的获得感。

4.3.3.5 政府部门职能缺位导致的风险

政府部门主要负责Q村宅基地使用权流转的牵头和对农贸市场的审批监管工作，在本案例中主要投入了人力资源和政策支持。政府一方面引领Q村与Y房地产公司进行闲置宅基地租赁，另一方面成立专门的驻场管理办公室，对农贸市场内的经营管理进行监管，并负责市场内商户的营业执照办理等工作。此外，政府部门还实施了一系列惠民政策来支持农贸市场的发展。但是，在宅基地使用权流转过程中，也存在政府缺位问题，如租赁合同是否存在问题、村民利益是否得到保障、租金是否如实返还等。Q村的宅基地使用权流转是一个较大的集体项目，单靠村委会的协调和企业的自觉，是无法完全保证项目有序合法进行的。宅基地使用权流转进程中也会存在市场失灵的情况，因此需要政府部门进行适当干预。

4.3.3.6 商户经营方面的风险

商户方面的风险因素主要体现在以下几方面，一是来自身经营管理能力的风险。这是任何一个从事商业经营活动的个人或组织都要面对的问题。商户的经营能力和水平直接关系到商户收益。二是来自宏观环境的风险。例如受新冠肺炎疫情的影响，很多商户的经营受到影响。此时，企业与商户之间的租赁费是否有调减的可能直接影响到双方的收益，对商户的影响尤为严重。

4.4 本章小结

本章在资源依赖理论基础上，运用案例分析方法研究了农村宅基地使用权放活实践中的风险问题。从利益主体构成、主体功能、角色以及主体需求方面对农村宅基地使用权放活的利益主体进行了深入剖析。以Q村为例分析宅基地使用权放活利益主体参与运营和管理的内容、参与程序等，从中总结农村宅基地使用权放活多元利益主体之间的关系、利益链，进而从村民、村集体、企业、政府等不同利益主体的视角，研究农村宅基地使用权放活过程中面临的风险问题。

农村宅基地使用权放活的利益主体包括村集体、村民、合作企业、有关政府部门、租赁商户、市场管理人员，各主体功能分别是主导协调、出租闲置宅基地、租赁宅基地和管理市场、审批和监管、租赁房屋和销售产品、管理市场。但是在实践中，各主体的角色可能与其功能出现偏差。不同主体之间的利益诉求也是多元的，他们的参与内容和环节也不同。其中村民与村集体、Q村与企业、政府与企业之间在收益分配、企业经营、村民意愿、政府部门职能、宅基地使用权流转方式等方面可能出现利益分歧。

5

农村宅基地退出风险分析

本章根据利益相关者理论确定农村宅基地退出风险分析的理论框架，从农户个体因素、保障预期因素、政府治理因素、社会心理因素等 4 个层面探究农村宅基地退出风险并提出假设、构建回归模型，通过问卷收集数据，对假设进行验证。

5.1 农村宅基地退出风险分析的研究设计

农村宅基地改革试点工作不断深入，为农村宅基地制度改革提供了可借鉴的实践材料。但是制度改革并非一朝一夕就能完成，涉及不同主体之间的利益重新配置，这就意味着利益矛盾和冲突并存。针对不同地区的自然和社会条件，必然出现多样化的基层实践。面对疫情影响下的经济社会大环境，在百年未有之大变局面前，为了保障我国乡村振兴战略的稳步落实，从文献和实践研究出发，对宅基地退出过程中可能存在的风险因素进行筛选和研判，预备应对之策，不断在实践中分析原因、总结经验，才能在特殊或紧急时刻更有效地应对各种风险。

农村宅基地退出主要是指农户在自愿的前提下，有偿放弃宅基地的使用权的做法。大量宅基地被闲置严重损害了农村土地利用效率，为了解决这一问题，我国陆续出台了一系列宅基地制度改革措施，宅基地退出试点是其中一项。农村宅基地退出模式是在宅基地退出改革试点过程中，根据政府采取的措施和各种流程所积累下来的经验，能够在宅基地退出时给予实施和运作的方式。[76]有学者在对福建省进行调查研究时总结出了资产置换、指标置换、货币补偿、借地退出等4种宅基地退出模式。[77]目前有偿退出宅基地还包括旧房换新房、按年补偿、社保补偿、按股份补偿等方式。

受到农民的年龄、文化水平、家庭非农收入等多种因素的影响，农户自愿退出宅基地没那么容易。政府部门在推进宅基地退出的过程也受到一些阻力，比如，农户对政府相关部门的信任程度、对宅基地退出政策的认知、宅基地退出补偿方式等因素都会影响农户宅基地退出意愿和行为。[78-79]风险是指某一事件产生人们不希望的后果的可能性，核心是未来结果的不确定性或损失。本章将农村宅基地退出风险界定为在农户能否成功退出宅基地问题上存在的不确定性，相关影响因素即为风险因素。

5.1.1 农村宅基地退出风险分析的理论框架

现有文献多从新型城镇化、农民市民化、感知价值理论等视角探讨农户宅基地退出风险相关问题。本章以利益相关者分析为切入点，对影响农户成功退出宅基地的风险因素进行识别和探讨。利益相关者理论的核心思想是凭借单一主体及其行为难以达到企业管理的最佳绩效，不同利益主体共同参与和投入，通过均衡不同主体的合作权益和利益关系，提高其对企业的支持度和认同感，从而更好地实现企业的战略目标。[80]

企业中的利益相关者由内而外分为三类，其中最里层是核心利益相关者，中间层为重要利益相关者，最外层则是企业中的一般利益相关者。[81]借鉴利益相关者理论，农户对宅基地退出与否的风险行为选择与宅基地退出过程中涉及的利益主体有关。宅基地退出涉及中央政府、地方各级政府、村集体经济组织以及农户自身。农户和地方政府属于核心利益相关者，中央政府属于重要利益相关者，村集体经济组织属于一般利益相关者。根据利益相关者理论，从农户、地方政府、中央政府和村集体经济组织等层面去考虑影响农户宅基地退出的风险因素。

5.1.2 农村宅基地退出风险因素分析

根据农村宅基地退出风险分析的理论框架和现有文献成果，从农户和地方政府部门代表的核心利益相关者角度分析探索农户宅基地退出的农户个体风险因素和保障预期风险因素；从中央政府部门代表的重要利益相关者角度探索影响农户宅基地退出的政府治理风险因素；从村集体经济组织代表的一般利益相关者角度探索影响农户宅基地退出的社会心理风险因素。[82-84]

5.1.2.1 农户个体风险因素

农户个体风险因素包括年龄、受教育程度、家庭人口数、宅基地面积、宅基地与县镇的距离、有无家庭成员在城镇居住等。

对农户来说，年龄越大学习利用新技术或外出务工获得持续非农收入的可能性越小，而且农户的“恋土情结”一般会随着年龄的增长而愈发强烈。这些都会导致年龄大的农户一般不会选择搬离农村的住所。因此，假设农户户主年龄对农户退出宅基地具有负向影响。

农户文化水平越高，他们对政府部门颁布的宅基地退出政策和相关法律法规的认知就更清晰。进入城镇居住后，具有一定文化水平的农民获得非农就业的机会更多，从事非农就业也更便捷。因此，假设农户受教育程度对农户成功退出宅基地具有正向影响。

一般来说，农户家庭人口数量越多，需要的居住面积越大，生活成本也更高。退出宅基地进入城镇后农户的生活负担可能更重。因此，假设农户家庭人口数对农户成功退出宅基地具有负向影响。

拥有较大面积宅基地的农户对宅基地退出后获得的经济补偿预期一般比较高，有时可能会与实际补偿标准存在差距。拥有较小宅基地面积的农户通常试图通过退出宅基地来改善居住条件，退出意愿比较强。因此，假设宅基地面积对农户成功退出宅基地具有负向影响。

居住在城乡接合部或者距离城镇比较近的农户拥有更多的非农就业渠道，如果选择退出宅基地到城镇居住，对原来的农业生产活动影响不大，同时能够更便捷地享受城镇的公共服务、提高其生活水平。因此，假设宅基地与城镇距离对农户退出宅基地意愿有负向影响。

如果农户家庭成员中有人在城镇有住宅，宅基地作为家庭住房的保障功能就会被弱化，能够促进农户退出宅基地。因此，假设有家庭成员在城镇居住对农户成功退出宅基地有正向影响。

5.1.2.2　保障预期风险因素

农户退出宅基地后的生活预期会影响其宅基地退出行为选择。如果农户退出宅基后居住条件没有得到改善，其退出宅基地的积极性可能受到影响。因此，假设居住条件对农户退出宅基地有正向影响。

当前农村家庭对于子女教育越来越重视，农村家庭对后代享受良好的教育资源和机会的期盼是比较高的。若农户退出宅基地进入城镇居住后能够和城镇居民享有同等的子女受教育资格，这可能会在很大程度上促进农户选择退出宅基地。因此，假设子女教育条件改善对农户成功退出宅基地有正向影响。

若农户退出宅基地后没有得到更好的就业机会，城市居住的相对高成本可能影响其退出宅基地积极性。因此，假设就业机会增加对农户成功退出宅基地产生正向影响。

5.1.2.3　政府治理风险因素

农户对相关政府部门实施的宅基地退出政策是否满意将会影响农户的宅基地退出决策，如果政府部门在农户心中的公信力比较高，农户比较信任和拥护政府部门实施的政策措施，认为宅基地退出补偿标准合理，那么他们会更趋向于退出宅基地。因此,假设宅基地退出政策和补偿标准的农户满意度对其成功退出宅基地具有正向影响。

农村宅基地产权清晰,则在涉及宅基地权益问题上农民更容易获得合理的收益或补偿。如果农户对个人宅基地的权属比较确定,他们对宅基地退出后所获得的经济补偿预期就比较准确,这在一定程度上有助于打消农户的观望心理,促进宅基地成功退出。因此,假设农村宅基地权属认知对农户成功退出宅基地有正向影响。

农户对宅基地退出相关法律法规越了解,越有助于其更准确地分析退地利弊,从而做出更理性的决策。因此,假设宅基地退出相关法律法规了解程度对农户成功退出宅基地有正向影响。

5.1.2.4 社会心理风险因素

农户是宅基地退出试点实践中的关键主体,农户一般抱有趋利避害的心理,会尽可能争取利益最大化和风险最小化的决策。农村宅基地是否成功退出除了受到农户自身意愿影响外,还会受到村干部、其他村民、已退出农户等外在环境的影响。例如村委会的大力宣传会促进农户退出宅基地。如果农户接收到的正向影响越大,则农户退出宅基地的积极性越高。因此,假设村集体政策宣传、其他村民意见等外在环境支持对农户成功退出宅基地具有正向影响。

5.2 农村宅基地退出风险模型构建与变量设定

5.2.1 农村宅基地退出风险的模型构建

本章采用 Logistic 回归模型对农村宅基地退出风险问题进行分析,模型函数为:

$$P=\frac{e^{f(x)}}{1+e^{f(x)}}=\frac{\exp(\beta_0+\beta_1 x_1+\cdots+\beta_n x_n)}{1+\exp(\beta_0+\beta_1 x_1+\cdots+\beta_n x_n)} \quad (5\text{-}1)$$

将式(5-1)进行对数转换,得到:

$$\ln\left(\frac{p}{1-p}\right)=f(x)=\alpha+\beta_1 x_1+\cdots+\beta_n x_n+\varepsilon \quad (5\text{-}2)$$

式(5-1)及式(5-2)中,p 值表示农户愿意退出宅基地的概率,$(1-p)$则是农户不愿意退出宅基地的概率，x_n 为自变量，n 为自变量的数量，β_n 为第 n 个自变量的影响系数，α 为常数项，ε 为误差。

5.2.2 农村宅基地退出风险分析的变量设定

根据农村宅基地退出风险的概念内涵和对农村宅基地退出影响因素的探讨，确定农户宅基地退出风险为因变量，以农户宅基地退出意愿为观测变量。从农户个体风险因素、保障预期风险因素、政府治理风险因素和社会心理风险因素等 4 个维度构建农户宅基地退出风险模型并选取自变量（见表 5-1）。

表 5-1 变量选取

类别		变量	取值说明	预期方向
因变量		是否愿意退出	愿意=1；不愿意=0	
自变量	农户个体风险因素	年龄	30 岁以下=1；30～40 岁=2；41～50 岁=3；51 岁及以上=4	负
自变量	农户个体风险因素	受教育程度	小学及以下=1；初中=2；高中或中专=3；本科或大专=4	正
自变量	农户个体风险因素	家庭人口数	1～2 人=1；3～4 人=2；5～6 人=3；6 人以上=4	负
自变量	农户个体风险因素	宅基地面积	100 以下=1；100－300=2；300 以上=3	负
自变量	农户个体风险因素	宅基地与县镇的距离	3 000 米以下=1；3 001～6 000 米=2；6 000 米以上=3	负
自变量	农户个体风险因素	有无家庭成员在城镇居住	有=1；无=0	正
自变量	保障预期风险因素	居住条件	不同意=1；比较不同意=2；一般=3；比较同意=4；很同意=5	正
自变量	保障预期风险因素	子女教育条件	不同意=1；比较不同意=2；一般=3；比较同意=4；很同意=5	正
自变量	保障预期风险因素	就业机会	不同意=1；比较不同意=2；一般=3；比较同意=4；很同意=5	正

表 5-1（续）

类别		变量	取值说明	预期方向
自变量	政府治理风险因素	退出政策满意度	不满意=1;不太满意=2; 一般=3;比较满意=4;很满意=5	正
		退出补偿标准满意度	不满意=1;不太满意=2; 一般=3;比较满意=4;很满意=5	正
		宅基地产权认知	非常不了解=1;比较不了解=2; 一般=3;比较了解=4;非常了解=5	正
		宅基地退出相关法律法规了解程度	非常不了解=1;比较不了解=2; 一般=3;比较了解=4;非常了解=5	正
	社会心理风险因素	村集体政策宣传	不同意=1;比较不同意=2; 一般=3;比较同意=4;很同意=5	正
		其他村民意见	不同意=1;比较不同意=2; 一般=3;比较同意=4;很同意=5	正

农村宅基地退出风险研究模型中,自变量分为4个维度:一是农户个体风险因素,包括年龄、受教育程度、家庭人口数、宅基地面积、宅基地与县镇的距离和有无家庭成员在城镇居住。二是保障预期风险因素,包括居住条件、子女教育条件和就业机会,分别以“您对宅基地退出可以改善居住条件的看法”“您对宅基地退出可以改善子女教育条件的看法”“您对宅基地退出可以增加就业机会的看法”来测量。三是政府治理风险因素,包括退出政策满意度、退出补偿标准满意度、宅基地产权认知和宅基地退出相关法律法规了解程度,分别以“您对当前政府实施的宅基地退出政策满意度”“您对当前宅基地退出补偿标准满意度”“您对宅基地产权归属是否了解”“您对宅基地退出相关法律法规是否了解”来测量。四是社会心理风险因素,包括村集体政策宣传和其他村民意见,分别以“您受到村集体政策宣传的影响程度”“您受到其他村民意见的影响程度”来测量。

5.3 农村宅基地退出风险的实证分析

5.3.1 问卷设计与数据来源

5.3.1.1 问卷设计

问卷的设计主要围绕影响农户宅基地退出的风险因素展开，包括农户自身特征、家庭特征、宅基地特征和其他影响因素。调查问卷主要分为4个部分，第一部分是农户基本信息，包括年龄、受教育程度、家庭人口、宅基地面积和宅基地与县镇的距离等方面；第二部分是农户的保障预期风险因素，包括居住条件、子女教育条件和就业机会；第三部分政府治理风险因素，包括农户对宅基地退出政策的满意度、农户对政府补偿标准的满意度、农户对宅基地产权认知和相关法律法规了解程度；第四部分是社会心理风险因素，包括村集体政策宣传和其他村民意见对农户退出宅基地意愿的影响。

5.3.1.2 数据来源

研究所用数据来源于问卷调查，问卷调查对象主要是江苏省和湖北省的农户。调查共发出335份问卷，其中有35份无效问卷，最终回收有效问卷300份，问卷回收有效率为89.55%。在300份有效问卷中，愿意退出宅基地的有93份，占有效问卷的比率为31%，不愿意退出宅基地的有207份，占有效问卷的比率为69%。

5.3.2 数据统计分析

5.3.2.1 信度分析

信度分析又被称为可靠性分析，用于检验问卷收集的数据结果是否一致。本书数据通过SPSS 22.0软件对总体变量进行可靠性分析，采用克隆巴哈系数(Cronbach's Alpha)进行检测。通常情况下，克隆巴哈系数达到0.6以上即表示该问卷数据结果可以接受，达到0.7以上表示量表具有相当好的信度，达到0.8以上表示量表信度非常好。问卷整体的克隆巴哈系数的输出值为0.719，说明本书所用数据具有比较好的内部一致性。

5.3.2.2　描述性统计分析

表5-2列出了样本农户的基本信息，在300个样本中，从接受调查的农民年龄分布来看，年龄在41～50岁的受访农户最多，占总数的34.67%，其次是30岁以下的受访农户，占比31.33%，30～40岁、50岁以上的农户数分别所占比例为26.67%和7.33%；受教育程度方面，高中或中专的样本最多，占比36.33%，其次是本科或大专，占比31.00%，小学及以下样本数最少，占比5.67%。家庭人口方面，3～4人的样本最多，占比59.67%，6人以上样本数最少，占比6.33%。宅基地面积为100～300平方米的样本最多，占总数的54.67%，300平方米以上的样本数最少，占比11.33%。有37.33%的农户处于距离县镇3 000米以下的位置。在全部样本中，有76.33%的农户有家庭成员在城镇居住，23.67%的农户无家庭成员在城镇居住。

表5-2　样本农户基本信息

变量	类别	频数	占比/%
年龄	30岁以下	94	31.33
	30～40岁	80	26.67
	41～50岁	104	34.67
	51岁及以上	22	7.33
受教育程度	小学及以下	17	5.67
	初中	81	27.0
	高中或中专	109	36.33
	本科或大专	93	31.00
家庭人口数	1～2人	23	7.67
	3～4人	179	59.67
	5～6人	79	26.33
	6人以上	19	6.33
宅基地面积	100平方米以下	102	34.00
	100～300平方米	164	54.67
	300平方米以上	34	11.33

表 5-2（续）

	类别	频数	百分比
宅基地与县镇的距离	3 000 米以下	112	37.33
	3 001～6 000 米	78	26.00
	6 000 米以上	110	36.67
有无家庭成员在城镇居住	无	71	23.67
	有	229	76.33

5.3.3 模型回归分析

农村宅基地退出风险的回归分析结果（见表 5-3）显示，农户年龄、受教育程度、家庭人口数、宅基地面积、宅基地与县镇的距离、居住条件、子女教育条件、退出补偿标准满意度、其他村民意见对农户宅基地退出风险的影响显著并通过假设检验。有无家庭成员在城镇居住、就业机会、退出政策满意度、宅基地产权认知、宅基地退出相关法律法规了解程度和村集体的政策宣传对农户宅基地退出风险的影响不显著，未通过假设检验。

表 5-3 回归分析结果

变量	回归系数	标准误差	卡方值	概率 P 值	优势比
年龄	−0.394	0.196	4.042	0.044	0.675
受教育程度	0.772	0.214	11.382	0.001	2.059
家庭人口数	−0.514	0.255	4.076	0.044	0.598
宅基地面积	−1.091	0.286	14.566	0.000	0.336
宅基地与县镇的距离	0.699	0.213	10.806	0.001	2.011
有无家庭成员在城镇居住	−0.120	0.412	0.085	0.770	0.887
居住条件	0.448	0.177	6.404	0.011	1.565
子女教育条件	0.691	0.214	10.391	0.001	1.995
就业机会	−0.066	0.181	0.135	0.713	0.936
退出政策满意度	0.019	0.184	0.010	0.919	1.019
退出补偿标准满意度	−0.578	0.235	6.031	0.014	1.782

表 5-3（续）

	回归系数	标准误差	卡方值	概率 P 值	优势比
宅基地产权认知	0.055	0.243	0.051	0.821	1.057
宅基地退出相关法律法规了解程度	0.426	0.243	3.070	0.080	1.531
村集体政策宣传	−0.036	0.214	0.029	0.865	0.964
其他村民意见	0.467	0.178	6.915	0.009	1.505
常数	−9.726	1.749	30.922	0.000	0.000

5.3.3.1　农户个体特征风险因素对宅基地退出的影响

（1）农户年龄因素对农户宅基地退出风险有显著负向影响，与假设一致。结果表明农户年龄越大，越不愿意退出宅基地。对于年龄比较大的农户来说，离开家乡外出工作的机会较少，收入来源主要为农业生产，退出宅基地风险较大。此外，农村老年人受安土重迁观念的影响较深，可能从心理上也不愿意离开熟悉的生活环境。

（2）农户受教育程度对农户宅基地退出风险有显著正向影响，与假设一致。结果表明农户受教育程度越高，退出宅基地的意愿越强。文化水平高的农户接受新事物和适应新环境的能力比较强，对政策的理解度比较高，也更愿意离开农村去城市生活。

（3）农户家庭人口数对农户宅基地退出风险有显著负向影响，与假设一致。结果表明农户家庭人数越多，其退出宅基地的意愿越弱。农户家庭人数越多，其需要的居住面积越大，生活成本越高。家庭成员比较多的农户所承担的生活压力和经济风险更大。若农户退出宅基地后进入城镇生活，家庭人均居住面积可能比之前小。另外，城镇消费水平高于农村，农户家庭生活负担会加重。

（4）农户宅基地面积对农户宅基地退出风险有显著负向影响，与假设一致。结果表明农户拥有的宅基地面积越大，退出宅基地的意愿越弱。也有学者认为农户宅基地面积对农户宅基地退出意愿有显著正向影响，因为拥有大面积宅基地的农户可以通过退出多余的宅基地获得经济补偿。而本书的研究结果与之相反，可能的原因是对拥有大面积宅基地的农户来说，宅基地的财产功能高于社会保障功能。农户对宅基地退出后获得的经济补偿预期比较高，从而不满足于实际的补偿标准。而拥有宅基地面积较小的农户通过退出宅基地来改善居住条件或者获得一笔经济补贴的意愿比较强。

(5) 农户宅基地与县镇的距离对农户宅基地退出风险有显著正向影响，与假设相反。结果表明农户宅基地所在位置离县镇距离越远，农户越愿意退出宅基地。有研究表明居住地靠近城镇的农户由于拥有丰富的非农就业渠道，其退出宅基地意愿较强。本书研究得到了相反的结果，可能的原因：一是宅基地远离城镇，交通、住房、医疗等条件比较落后，农户希望通过退出宅基地得到改善。二是距离县镇较远的宅基地经济价值低于靠近城镇的宅基地，农户退出偏远宅基地可以得到更高的经济补偿。三是进城农户由于宅基地距离县镇过远，长时间将其闲置，宅基地的住房保障功能和经济功能都被弱化，农户退出宅基地可以更好地保障其在城市的生活。

5.3.3.2 保障预期风险因素对宅基地退出的影响

在保障预期因素中，居住条件和子女教育条件对农户宅基地退出风险有显著影响。本书研究结果显示，更好的居住条件对农户宅基地退出风险有显著正向影响，与假设一致，说明居住条件的改善可以激励农户退出宅基地。子女教育条件改善对农户宅基地退出风险有显著正向影响，与假设一致。说明如果退出农村宅基地后农户子女的教育条件得到改善或者子女能够在城镇入学，农户会更愿意退出宅基地。对出生在农村的孩子而言，努力读书是改变人生的一条出路，家长对孩子教育条件的重视程度可想而知。农民工进城后一般会选择租房居住，而且农民工子女无法和城镇居民子女享受同等的教育条件。如果政府能落实农民退出宅基地后的各项保障措施，农户退出宅基地的意愿会更强。

5.3.3.3 政府治理风险因素对宅基地退出的影响

在政府治理因素中，只有退出补偿标准满意度对农户宅基地退出风险行为有显著影响。结果显示退出补偿标准满意度对农户宅基地退出意愿有显著正向影响，与假设一致，说明农户对宅基地退出补偿标准越满意，其退出农村宅基地的意愿越强。农民是理性经济人，会选择利益最大化的方式。在政府治理类因素包含的 4 个变量中，只有退出补偿标准满意度属于经济因素，说明农民重视经济补偿。

5.3.3.4 社会心理风险因素对宅基地退出的影响

在社会心理因素中，其他村民意见对农户宅基地退出意愿有显著影响。结果表明社会心理因素对宅基地退出有显著正向影响，与假设一致，说明农户退出宅基地的行为选择受其他村民的影响很大。农村较多地被认为是一个熟人社会，人与人之间相互熟悉，会互帮互助，所以很容易出现“从众”现象。但这种影响可能是正向的也可能是负向的。社会心理维度的另一个因素是村集体政策宣传，回归结果显示不显著，这也从侧面反映了村民对村集体存在不信任的态度。

5.4 本章小结

本章主要研究了农村宅基地退出中的风险问题。本章首先对利益相关者理论进行了分析，借鉴利益相关者理论对核心利益相关者、重要利益相关者、一般利益相关者的划分，从农户、政府部门、村集体等层面分别探讨宅基地退出风险因素中的农户个体因素和保障预期因素、政府治理因素、社会心理因素；构建农户宅基地退出风险模型并选取变量。其次，设计问卷并收集数据，完成调研数据的有效性分析并进行初步统计分析，进而采用 Logistic 回归分析方法对农村宅基地退出风险因素进行实证分析。

研究结果显示，个体特征风险因素中，农户年龄因素、农户宅基地面积、农户家庭人口数对农村宅基地退出产生负向影响。农户受教育程度、农户宅基地与县镇的距离对农村宅基地退出产生正向影响。保障预期风险因素中，子女教育条件改善、更好的居住条件对农村宅基地退出产生正向影响。政府治理风险因素中，退出补偿标准满意度对农户宅基地退出有显著正向影响。社会心理风险因素中，其他村民意见对农户宅基地退出有显著正向影响。

6

农村土地托管风险分析

本章主要从利益冲突的角度研究土地托管领域的风险问题。本章首先对我国土地托管发展现状和发展趋势进行概述，以不同分类方法对农村土地托管进行分类探讨；其次，针对不同类型的土地托管模式，对托管过程中的利益相关者、利益链进行探讨，进而对不同利益相关者之间存在的利益冲突风险进行研究并提出对策建议。

6.1 土地托管概况

6.1.1 土地托管概念界定

土地托管最初提出之时，学者们并未对其进行一致的概念界定，因此常被认为是土地流转的范畴。历经20多年的实践和发展，土地托管与土地流转二者的界定已经有了明确区分。尽管学者们对于土地托管的概念不尽相同，但基本都认同这一概念：土地托管是指农户在土地承包权、经营权不变的前提下，将产前、产中、产后等环节中的部分或全部事务委托给托管服务组织代为管理的一种农业生产性服务形式。[85]

6.1.2 土地托管发展背景

为了促进土地资源节约集约利用、促进农业农村现代化，我国于2018年通过了实施农地所有权、承包权、经营权“三权分置”的决定。在“三权分置”的背景下，土地托管吸引了较多关注。作为一种农业生产经营方式和新型农业社会化服务模式，土地托管契合了当下农村的发展需求，有利于推动实现农业适度规模经营，推动农业现代化进程，解决农村种地难这一现实问题。

当前很多农村地区从事农业生产的主体多为50～60岁的中老年人，随着这部分人群逐渐年老，以后可能无力承担繁重的农业耕作，而他们的后代受到成长环境的影响，对农业生产活动知之甚少，大多数人也不会选择回乡务农。土地托管能够帮助老年人更好地完成农业生产活动，使农地不至于荒弃。此外，随着工业化、城镇化进程加快，大量农村青壮年劳动力选择外出打工、经商增加收入，家中的土地无人照看，土地托管帮助年轻人实现两者兼顾，使他们能够安心外出务工。有些农民不愿意继续从事农业生产活动，也不愿意荒废土地或将承包权转给他人。这些农民有的选择把自己的土地委托给邻居、亲戚进行种植，有的则把土地流转给家庭农场、种粮大户，收取土地租金。对于无法进行流转的，有些农民把一些耕地用作种植树木等，从而出现了耕地非农化、非粮化现象。土地托管服务的出现能够使农民解放双手，安心外出打工，破解了农民“打工顾不上种地、种地耽误挣钱”的难题。

与传统的农业生产方式相比，土地托管组织由专业人员组成，引领农民以合作社的形式使用先进的农业机械进行农业生产规划，从而深化了农业供给侧结构性改革，改变了碎片化的农业生产方式，为现代农业发展注入了新动能（见案例 6-1）。

案例 6-1

土地托管促进农业现代化

2009 年山东省滕州市西岗镇东王庄村组织村民将 200 亩土地以土地流转的方式予以外来人员管理，但是一年后经营失败，村集体自行进行农业生产也不见成效。2013 年，他们把土地交给供销社为农服务中心全程托管，取得了比较好的效果。2015 年，滕州市委组织部与滕州市供销社联合推进“村社共建”，村两委组织全村农民以 1 050 亩土地入股、村集体以溢出的 61 亩土地入股，成立了土地股份合作社，并交给供销社托管。5 年来，合作社经营状况良好，农民每年“保底＋分红”收入都高于过去的土地租金，村集体每年也有 7 万元以上的收入。将土地托管后，村民们在其他岗位工作，每年收益比之前更为可观。2020 年以来，山东省供销社在总结基层经验的基础上，在全省试点推广“土地股份合作＋全程托管服务”新模式，服务带动农民组建土地股份合作社，整合土地，成方连片种植，叠加新型农机和新技术、新品种推广应用，提高农业科技含量和发展质量，示范带动小农户与现代农业发展有机衔接。①

近年来，国家相继出台多项政策支持土地托管的发展。随着土地托管由最初基层农民试验、逐渐推广，经过多地实践积累了一些经验。近年来，土地托管规模不断扩大，国家也颁布了一系列政策，鼓励、支持、规范土地托管的发展。从 2014 年中央一号文件《关于全面深化农村改革加快推进农业现代化的若干意见》首次提出土地“托管式”服务，到 2020 年中央财政共支出 45 亿元、在 29 个省区市开展农业生产托管项目，土地托管

① 山东省人民政府新闻办公室.山东举行深化土地托管服务促进农业适度规模经营发布会[EB/OL].（2021-07-07）[2021-09-10]. http://www.scio.gov.cn/xwfbh/gssxwfbh/xwfbh/shandong/Document/1708571/1708571.htm.

加速发展,体现了国家层面对于土地托管实践的重视和支持。当前我国土地托管服务面积不断扩大,截至2020年年底,全国各类服务组织总量超过90万个,托管服务面积超16亿亩次,其中服务粮食作物超9亿亩次,服务带动小农户7 000余万户,约占我国小农户的三分之一,呈现蓬勃发展的良好势头。[86]

各省立足于本省的省情农情,依托中央财政支持农业生产托管服务项目,努力将一家一户小农生产融入农业现代化大生产之中。2021年是中国共产党建党一百周年,是我国"十四五规划"的开局之年,也是全面推进乡村振兴的第一年。由农业农村部农村合作经济指导司指导,各省农业农村厅主办的中国农业生产托管万里行大型全媒体直播活动在多省陆续开展多年。截至2021年9月,中国农业生产托管万里行活动已经先后在内蒙古、辽宁、福建、江西、河北、安徽、山东、黑龙江、吉林、山西等多地开展活动。在国家大力推进之下,农村土地托管活动将取得大踏步前进和发展,粮食生产是国民经济的基础,粮食安全是我国经济社会发展的"压舱石"。此时更应该重视防范和化解托管过程中可能出现的矛盾和纠纷,不断在实践中创新,建立和完善托管利益主体之间沟通的桥梁,促进土地托管各项工作顺利推进。

6.2 土地托管模式

土地托管兴起的时间虽然不长,但各地在实践中不断探索,发展了多种土地托管模式,积累了一定的经验。在不同的土地托管模式下,各托管主体的利益需求不同,因此要理清土地托管收益在各个主体之间的分配情况,首先需要对土地托管模式进行归类。从现有研究来看,可以从托管主体类型、托管方式等视角对土地托管的类型进行划分。根据托管服务主体划分,可以将土地托管划分为大户托管、合作社托管、公司托管;根据托管主体的参与程度进行划分,可以将土地托管分为全托管、半托管、入股托管。

6.3 全托管模式下的风险分析

6.3.1 全托管模式界定

全托管模式是农业经营者将农业生产活动完全交予托管服务主体管理的一种土地托管模式，托管内容包括农业生产的耕、种、防、收等各个环节，是全过程的生产服务和管理。在全托管模式下，托管方只需向托管服务主体交纳一定的服务费用，其他生产活动都由托管服务主体负责。在实际运作中，全托管可分为货币返还型和实物返还型两种形式。

货币返还型是指农业生产过程中的化肥、种子等生产资料由托管服务主体提供，生产过程由托管服务主体负责，收获后也由托管服务主体进行加工和销售，届时托管服务主体将扣除成本费和服务费的最终收益交予托管方。实物返还型中托管服务主体的义务与货币返还型大体相似，唯一不同的是在最后阶段将收获的农作物交予托管方而不是由托管服务主体进行销售或处置。

6.3.2 全托管模式的利益相关者

全托管模式下的利益相关者可以分为5类：土地托管供给方、土地托管需求方、土地托管中介方、相关政府部门、金融机构。

6.3.2.1 土地托管供给方

全托管模式下的土地托管供给方即提供土地托管服务的主体，负责整个农业生产过程，提供土地全托管式服务的主体包括供销社、专业合作社、企业、种粮大户或家庭农场。

供销社是在政府引导下，借助基层供销社的服务优势、村集体的组织优势共同开展土地托管服务的供给主体。作为农业生产社会化服务的重要力量，供销社以农户作为服务对象，与村集体进行合作，通过整合各种资源与土地托管的其他参与者共同开展土地托管服务。这种模式以山东供销社土地托管服务较为典型（见案例6-2）。

案例 6-2

全托管模式——供销社

山东省供销社所属山东供销现代农业发展集团公司与沂水县马站镇3个先行试点村签订土地全托管服务合同，省社现代农发集团公司对全镇13个先行试点村党支部领办的土地股份合作社的4 000余亩入股土地开展小麦等粮食作物全程托管服务。在今后一段时期内，镇党委、政府将发动更多的村党支部领办的土地股份合作社加入土地全程托管工作中，逐步形成辐射带动效应，实现向粮食精细加工和农产品流通等农业相关第二、三产业延伸。①

土地托管专业合作社是专门为农民提供土地托管服务的农业生产服务组织，合作社与农户在村委会的见证下签订托管经营合同，加入合作社的农户将承包地交由专业合作社统一供种、统一耕作、统一施肥和统一收割。[87]合作社一般是拥有先进机械设备（比如收割机、播种机等）的现代化组织，通过土地托管，实现农业生产各环节的机械化，这与农民自己进行农业生产相比，投入成本减少，产量上升，收益增加。

我国土地托管服务产生虽然时间不长，但经过各地和多方实践探索以及国家相继推出的利好政策支持，土地托管呈现出蒸蒸日上的发展趋势，一些涉农企业也开始积极参与进来，为农户、合作社等主体提供土地托管服务。例如，黑龙江省海伦市创新物权农业服务中心原是一家农业综合服务平台，向农户提供农资、农业机械、农业金融服务，2019年开始发展土地托管业务，目前该企业的土地托管面积达27万亩。虽然有些农户选择了这种托管模式，但也有一些农户对这种模式有所担忧，所以难以形成规模效益，托管企业成本压力不小。同时由于土地托管相关制度尚未建立，这类供给主体数量不多，但整体仍呈现出向好趋势。案例6-3介绍了西安市长安区企业参与土地托管的实践。

① 全程托管，沂水县供销社在行动[EB/OL].（2021-09-02）[2021-09-10]. http://www.yishui.gov.cn/info/1008/243562.htm.

案例 6-3

全托管模式——企业

陕西省西安市长安区胡家寨村实行土地全托管，约定保底收益是每亩 720 元，不管丰收还是减产都要保证农户的最低收益。丰收部分的收益按二八比例分成，农户得到 20%，集体、托管服务主体得到 80%。农田托管后，农机合作社实行良种、耕种、灌溉、防虫、收割等 9 项统一服务，不仅解决了村民粮食生产中一家一户干不好也必须干的生产难题，而且也使土地投入成本减少，产量增加。在不改变农户承包经营自主权和种田收益的前提下，长安区农田“全托管”方式实现了粮食生产的规模化种植，专业化服务有效提高了粮食产量，生命力和优越性日益显现。①

种粮大户或家庭农场是指租种耕地达 50 亩以上，或能够集中成片承包耕地的农民。种粮大户往往是依靠其拥有的农机优势提供土地托管服务（见案例 6-4）。

案例 6-4

全托管模式——种粮大户

长汀县种粮大户余海生，今年扩大耕地种植规模，种粮面积从原来 500 多亩增加到 700 多亩。同时，他发挥专业合作机插秧机、拖拉机、收割机、无人机和烘干机充裕的农机优势，实行土地代种托管服务，从播种育秧、机耕机种、机收机烘，实行一条龙服务，除肥料由农户自己负担外，其余一亩只需交纳 620 元托管费，而农户一亩可净赚三四百元。这种服务模式深受农户欢迎，服务农民辐射到全镇 7 个村 80 多户农户。余海生表示，待条件成熟后将会成立联合社在全县推广此模式。②

6.3.2.2 土地托管需求方

全托管模式下的需求方主要是指因外出务工等原因无法亲自进行农业

---

① 都红刚. 陕西：土地“全托管”促企业、农民、集体三增收[EB/OL]. (2021-06-17)[2021-09-10]. http://www.xinhuanet.com/video/2021-06/17/c_1211203934.htm.

② 黄清花. 长汀：种粮大户稳步推进“代种托管”耕作新模式[EB/OL]. (2021-05-08)[2021-09-10]. http://www.mxrb.cn/news.html? aid=88996.

生产的农户以及家庭农场。近些年粮食成本不断攀升，粮食价格却保持平稳，种粮比较收益降低。为获得更多收益，越来越多的农村青壮年外出务工，农村劳动力数量减少，各地区或多或少出现了土地撂荒与农地粗放生产经营的现象。在我国广大农村地区家庭“半工半耕”的生计模式下，留守村庄的老年人已经无法适应外出务工的需要，从事农业生产是他们“就业”的最佳选择。此外，他们对土地有着浓厚的情结，仍有继续从事农业生产的需求和愿望。他们的行动目标是如何更好地完成农业生产活动。土地托管很好地解决了家庭农业生产劳动力不足的问题。2016—2020年我国乡村就业人员统计，见图6-1。

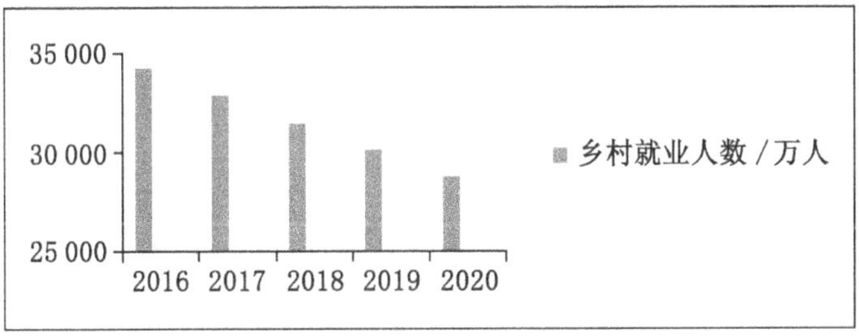

图6-1　2016—2020年我国乡村就业人员统计

家庭农场是一种新型农业经营主体，从事农业生产的劳动者包括家庭成员和雇员，以家庭成员为主。家庭农场自身拥有一定的农业生产资源，包括机械设备等，从事规模化生产经营与服务，种植结构多元化。家庭农场将承包地托管后，农场的资金压力会相对减小。由于农场自身往往拥有农业机械设备，承包地相对于小农户而言具有一定的生产规模，更容易与托管方达成合作协议，可以获得更多便利和收益。

6.3.2.3　土地托管中介方

在农村承包地“三权分置”背景下，我国农村承包地的所有权归属于村集体，承包权和经营权属于农户。首先，村集体作为村民自治组织，要负责动员和鼓励农户参与土地托管实践，并与农户、托管服务主体协商土地成片托管相关事宜，实现农村承包地的适度规模经营。其次，村集体在土地托管服务期间，应发挥监督和协调作用，确保土地托管后续各项工作顺利进行。最后，村集体作为地方政府和村民的纽带而存在，上级相关政府部门发布的政策文件和工作指示、村民的意见都需要经村委进行上传下达。因此，村集体在土地托管过程中发挥的作用至关重要。

6.3.2.4　相关政府部门

土地托管实践最初虽然是由农民自发组织进行的活动，但其发展至今离不开政府部门的推动作用。2021年，《中共中央 国务院关于全面推进乡村振兴加快农业农村现代化的意见》明确提出，举全党全社会之力加快农业农村现代化。推进农业农村现代化已成为全面建设社会主义现代化国家的重大任务，为了更好地实现农业农村现代化的发展目标，实现小农户与现代农业的有效衔接，各级政府部门通过大力宣传和财政补贴等方式支持和发展土地托管生产方式，土地托管涉及的政府部门主要有农业农村部、发改委、财政部等。

6.3.2.5　金融机构

在全面推进实施乡村振兴战略的背景下，农业银行需做好"三农"金融服务工作，为大力推进建成现代化农业生产社会化服务体系、农业生产托管提供良好服务。为此，农业银行开发了"农业生产托管贷"等新型产品类型，努力为各地农业生产托管新主体、新业态提供全方位、全流程的金融服务。托管服务最初兴起于农民自发实践，尽管随着近些年的发展以及国家先后出台多项政策对其进行推广和规范，农业生产托管对于许多农民而言依然属于新鲜事物，很多农民在进行托管服务时会遇到资金短缺问题或者担忧心理。农业银行与地方政府联合推出的农业生产托管贷产品，既可以解决农民的资金问题，又能使农民安心托管。申请农业生产托管贷的农户与托管组织签订合同后，可依照相关规定向农业银行申请贷款，贷款直接发放到服务组织账户，为双方利益提供保障。案例6-5是农业银行山西省分行在农业生产托管贷方面进行的探索和实践。

案例6-5

农业生产托管贷助力托管

截至2021年8月末，农业银行山西省分行已向66户农业生产托管主体发放"农业生产托管贷"907万元。"农业生产托管贷"是指向农业生产社会化服务组织发放的、用于借款人从事农业生产托管服务相关资金需求的贷款，既可用于日常托管服务资金周转，也可用于仓库、厂房等托管服务设施建设，以及农业机械、烘干设备、监测一体等托管服务设备购置。

山西省自2017年推广农业生产托管试点以来，发展迅速。农业银行山西省分行积极利用该行"农业生产托管贷"这一专属金融产品，选择具有一定的农业生产托管经验，纳入县级及以上政府部门农业生产社会化服务组织名录库内的主体给予支持。同时，为客户提供可灵活选择的单项产品。如专业大户和家庭农场可选择"惠农e贷"、农村个人生产经营贷款；农民专业合作社和农村集体经济组织可选择农民专业合作社贷款、农村集体经济组织贷款；农业企业可选择"纳税e贷""抵押e贷"、季节性收购贷款等。

该行一方面根据当地农业农村发展规划，从构建政银企合作模式与风险防控、商业可持续的维度，创新金融服务；另一方面不断强化合作，做好向农业农村主管部门的汇报工作，签署乡村振兴战略合作协议，争取实现市级层面全覆盖、县级层面覆盖"惠农e贷"发展较好的县域，逐步形成"政府增信+社会化服务组织+农行+农业保险"模式。①

要使土地托管的优势得到真正发挥，不仅需要政府政策和资金的支持，也需要农业保险的助力。农业保险能够使农民遭遇托管费用损失时得到相应赔偿，很大程度上消解了农民的顾虑，保障托管农户的利益，减小农业生产托管的风险。中原农险海伦市支公司在与黑龙江省海伦市农业土地托管有限公司的合作中，为黑龙江省海伦市农业土地托管有限公司提供了农业生产托管合同履约保证保险，逐步建立了政府、中原农险和土地托管主体三方参与、互利共赢的风险防范机制（见案例6-6）。履约保险的设置为有效推进农业生产托管服务实践、促进农民增收提供了风险保障。

---

① 梁晨霄.农业银行山西省分行"农业生产托管贷"助推乡村振兴[EB/OL].(2021-09-13)[2021-09-18].https://baijiahao.baidu.com/s?id=1710751558312052965&wfr=spider&for=pc.

案例 6-6

农业保险助力托管

中原农险海伦市支公司为黑龙江省海伦市农业土地托管有限公司出具农业生产托管合同履约保证保险。根据中原农险相关负责人介绍，该保单属于全国第一个农业生产托管专用产品，标志着中原农险落户黑龙江以来，在服务创新、产品创新方面迈出了更大的步伐。

农业生产托管合同履约保证保险是指托管主体未履行或未完全履行《农业生产托管合同》规定的托管义务，且未将全部或部分托管费用退还给被保险人，致使农户遭受的托管费用损失由中原农险进行赔偿，极大地解决了农民的后顾之忧，提高了土地托管的安全性。

中原农险黑龙江分公司总经理姜宇表示：土地托管促进了农业经营方式的转变，有效解决了“谁种什么，怎么种”的问题，促进了农业增效、农民增收和农村发展，推进农业现代化的发展目标，关键是农民收入能否得到保障。中原农险适时推出托管产品，以适应当前形势，解决政府、农户、托管主体的后顾之忧，促进黑龙江省农业生产托管进程，促进乡村振兴。

当前，中原农险各分支机构正积极与地方农业和财政部门密切合作，共同推进土地托管农业保险工作，逐步建立政府、中原农险和土地托管主体三方参与、互利共赢的风险防范机制，提高种植业的抗风险能力，促进农民增产增收。中原农险在黑龙江开展了鸡东韩系辣椒、讷河大球盖菇、马铃薯种植、湖羊养殖等地方特色保险，下一步将在大兴安岭等地试点，为当地特色产业的发展提供支持，为农民增加收入提供风险保障。①

6.3.3 全托管模式的利益链

全托管模式是农业经营者将农业生产活动完全交予托管服务主体管理的一种土地托管模式，包括农业生产的各个环节，是全过程的服务管理。农户与托管服务主体约定土地最低收益并签订协议，约定期满后若未达到最低产量，差额部分由托管服务主体承担。这种模式适用于那些外出务工，但

① 赵修彬.中原农险支持农业生产托管[EB/OL].(2021-05-20)[2021-08-10].http://insurance.cngold.org/c/2021-05-20/c7616567.html.

又不愿意放弃农业生产的兼业农户。全托管模式减少了农户的农资投入、劳务投入等,农户相应的要向托管服务主体支付更高的费用,最终生产高出最低收益值的部分需要在农户和托管服务主体之间按一定比例进行分配,这种模式更有利于实现耕地的适度规模经营。

6.3.4 全托管模式的利益冲突风险

6.3.4.1 土地托管供给方与需求方因自然灾害引发的利益冲突风险

土地托管是一项长期服务,托管服务主体在经营期间不可避免地会面对各种生产经营难题,包括一些不可抗的自然灾害和市场因素。当前开展土地托管实践活动必须面对的现实问题是,如果在托管期间遭遇自然灾害导致减产,这种风险由谁来承担以及如何承担。即便在科学技术手段日益发达的今天,农业生产在很大程度上还存在"靠天吃饭"的问题,无论谁是经营主体,都存在自然灾害风险,容易引发各种矛盾纠纷。

承包地全托管服务虽然是在风险共担的指导思想下进行,但是如果遇到自然灾害,农业产出肯定无法得到完全保障,此时对于托管主体来说是一个重大挑战。若托管主体预知无力抵抗自然灾害风险,最终不再承诺保证产量。农户预期到风险的发生,对农业生产托管服务的选择会持怀疑的态度,托管合作就无法达成。[88]假设自然灾害发生在托管服务过程中,如果托管组织没有能力承担风险,风险全部转嫁给农户,这无形之中会损害农户日后参与土地托管服务的积极性,减缓甚至阻滞土地托管推进进程。

6.3.4.2 土地托管供给方与农户因地块调整诱发的利益冲突风险

土地托管在全托管模式下,无论是供销社、专业合作社、企业还是种粮大户,其基本模式都是通过对承包地进行成片经营管理实现农业生产的规模化效益。但实际上,小农户当前的承包地相对分散、种植作物种类不一,在进行托管时就需要和供给方协商地块调整的相关事宜,保证受托管土地尽量集中,以便于托管供给方进行操作管理。考虑到小农户承包地的地块质量不同等问题,有些农户可能在地块调整方面不能与托管供给方达成一致意见,此时也会引发矛盾,诱发风险。

1. 利益冲突风险表现

(1) 信任危机。土地托管是一种新型农业生产经营模式。托管主体要取得农户的信任并使农户放心地将土地交予供销社等托管服务主体经营管理并非易事,多数情况下,需要村集体从中协调,托管服务主体与农户的深入沟通与协商是必不可少的环节。由托管服务主体进行土地托管达成规模经营的目的涉及调整小农户地块分散的问题。该问题如果处理不当就会引发农户对托管服务主体的质疑,从而产生信任危机。

(2)对立情绪。全托管模式中,由于农户是将农业生产的所有环节都委托给托管服务主体进行管理,如果在进行地块调整时使农户产生不公平、利益受损的感觉,就会使农户对托管活动产生反感、不满甚至对立的情绪。

2. 风险管理现状

(1)风险管理主体。全托管模式下,供销社、专业合作社等托管组织与农户开展土地托管合作往往以村集体作为中介,地块调整一般有两种方式:一是由村集体与农户进行协商,村集体将土地调整后再统一与供销社、专业合作社等托管组织签订合同,这种方式适用于某些村庄将大部分承包地集体进行托管的情况;二是由供销社、专业合作社等托管组织与农户直接签订合同。

无论采取哪种方式进行托管,村集体从中发挥的作用多是沟通和协调,没有作为管理主体的职能。从部门设置来看,市、县和乡镇政府、农业农村部门似乎都可以作为名义上的管理部门。但是,由于目前土地托管相关组织和制度规范并不完善,各地也在不断探索,实践中多主体之间的权责关系并不十分明晰。这就导致无论是地方政府部门还是农业农村等职能部门都无法真正做到充当化解此类矛盾风险的主体,所以当双方利益冲突风险问题无法调和时,只有通过司法程序解决问题。

(2)风险管理途径。目前土地托管主体与农户之间的利益冲突风险问题主要依赖利益主体之间的协商沟通、行政调解、法律诉讼等途径得到解决。利益冲突风险的存在会影响土地托管服务主体的正常运行,大多数托管服务主体都有一定的积极性去主动协调化解矛盾风险。地方政府部门有时也能通过正式和非正式的调解等行政手段对这类风险进行化解。如果以上办法都无法解决,此类利益冲突风险最终只能通过法律途径解决。

(3)风险的趋势预测。小农户家庭经营占据农业经营主体的绝大多数这一基本事实是思考我国农业未来发展问题的基本前提。从土地托管利益变化趋势来看,当前小农户家庭经营表现出的不足之处主要有以下 4 个方面:第一,由于自身经营规模较小,其与社会化服务对接困难。在我国,小农户家庭经营的面积一般都在10亩以内,而且农户之间都是分散经营。第二,由于地块分散,其生产效率较低。全国大部分农村地区农户的承包地都是“插花式”分布的,一般都有三五块甚至10块以上。土地的细碎化不仅增加了农户的劳动强度和生产成本,而且限制了农业机械化的应用和推广。第三,由于农业劳动从业者呈老龄化趋势,限制了农业新技术的推广。近年来,随着农村青壮年劳动力的外出务工或经商,农业从业劳动力的老龄化不断加剧。老年人在重体力劳动环节力不从心,导致很多年轻人不得不在农忙时节返乡协助,而且老年人对新技术的采用缺乏积极性,从而限制了农业技术的更新和推广。第四,由于农户具有绝对的经营权,这使农业生产很难统合起来。[89]小农户家庭经营的这一基本国情在未来一段时间内依然不会改变,基于以上种种原因,开展土地托管时不可避免要进行地块调整,而土地整合又绝非易事,因此未来一段时期预计该类利益冲突风险仍会呈上升趋势。

6.3.4.3 土地托管供给方与需求方因双方权利义务划定不清引发的利益冲突风险

有关土地托管的相关研究近些年开始逐渐增多,相关制度和法律法规并不健全。土地托管主要由民间自行组织逐渐向政府引导转变,有些地方存在托管双方并没有签订正式有效合同的情况。托管双方主要以个体的信用作为合作基础,缺乏法律规范和约束。如果托管按流程顺利进行能达到使双方满意的结果,那么一些未约定的事宜便不会成为争议点。如果托管过程中出现问题导致粮食减产或收益降低,双方未明确说明的事项必然会引发各种矛盾冲突。即便已经签订合同,但农户并没有真正了解合同内容或者双方对于合同内容未明确说明的部分没有达成一致的情况下,也容易产生矛盾冲突。

1. 风险表现

(1) 言语冲突。土地托管合同中未明确约定的事项属于托管服务的盲区,从土地托管需求方角度来说,他们会认为是供给方即托管服务主体的义务和责任;从土地托管供给方角度来说,他们会认为既然合同中未规定,那么此项便不属于托管服务的范围,因此也就无须处理或者无须与需求方商讨，因此矛盾点从合同订立之初便存在了。托管服务完成后双方可能会围绕这些矛盾点进行争论，各执一词，表现为言语冲突。

（2）民事冲突。如果土地托管双方就合同中约定的内容无法达成一致意见，并且处于双方沟通也不可调和的内容，就需要借助司法部门的力量进行纠纷裁定，托管双方需要通过司法程序认定双方的责任义务、错误过失，并根据诉讼结果进行赔偿或等待赔偿（见案例 6-7）。

案例 6-7

双方义务划定不清导致冲突

××合作社与刘××签订《土地托管合同》约定由××合作社对刘××的托管土地提供“耕、种、管、收”的全程种植托管服务。双方在合同中虽然对浇水、追肥、除草、创苗、间苗等关键性工作的具体实施的时间节点、周期、次数等没有明确的设定，但对托管土地进行“浇水、追肥、喷药，统一进行收割”等具体事项有明确的约定，而且这些义务均由××合作社承担。××合作社在刘××等人多次催告后，一直没有履行“管、收”义务。在“耕、种”以后就不再履行约定的合同义务。怕耽误农时，刘××不得已将本应由××合作社承担的浇水、追肥、除草、创苗、间苗、收割等关键性工作自己雇人作业完毕。双方因此产生纠纷，××合作社将刘××起诉。刘××主张在多次催告后，××合作社不履行“收”义务，因而自行收割，未提供相应证据证明，法院根据双方合同履行实际情况，认定××合作社已按照合同约定履行了除收割外的其他义务。刘××应支付除收割费用外的剩余托管费。刘××未依照合同约定支付应付托管费用，构成违约。法院支持××合作社的支付违约金请求，并依法对双方约定的违约金数额进行调整。

2. 风险产生的原因

（1）制度缺陷。目前我国并没有关于土地托管的具体制度，也没有专门的成文法用以规定土地托管服务中各参与主体的责任义务。土地托管市场上服务主体提供的服务质量参差不齐，农户难以辨别。在土地托管服务过程中，有些约定或以口头形式商定，或以亲朋好友介绍等为关系纽带，没有正式的合同作为保障；有些已经签订合同，但合同内容模糊不清，没有就托管环节中的各项事宜达成一致协议。

(2) 参与主体法律意识薄弱。在开展土地托管服务前,参与主体应当明确约定双方的责任义务并以合同形式确立下来,作为今后参与主体双方履行合约的参考证明。问题在于,处于乡土社会中的农民在日常生产生活中多习惯以口头约定为主,缺乏法律意识,一旦有一方出现违约行为也难以追究其责任。托管服务主体遇到此类情况往往存在侥幸心理,在出现问题后出现互相扯皮而引发冲突,这就会导致农民参与土地托管实践的信心受到打击。

6.3.4.4 土地托管供给方与需求方因服务质量引发利益冲突风险

由自然灾害风险导致的农田减产等情况不可避免,但是土地托管质量在很大程度上还取决于托管服务主体的能力和态度。全托管模式涉及环节较多,如果托管服务主体没有认真负责地开展服务使农民收益减少或造成更大的农民损失,将会大大降低农民对于土地托管的期待,甚至引发纠纷。在我国土地托管活动仍缺乏相关制度规范的背景下,市场上的托管服务主体鱼龙混杂,托管服务质量参差不齐,很可能使得土地托管后的产量低于农民自己进行农业生产的产量。如果托管后农田减产,农户可能对土地托管失去信任,这种信任以后也难以建立。案例 6 8 就说明了托管经营不善导致农户收益受损的情况。在这种情况下,托管服务主体(双辽市服先镇××农机专业合作社)应该承担相应责任,而不应让农民承担全部损失。

案例 6-8

托管服务主体经营不善造成农户损失

2018 年,赵某甲以其实际经营的"双辽市服先镇××农机专业合作社"(以下简称××合作社)同那木乡前进村共计 107 户农户签订了全托管协议。协议约定,农户将土地托管给××合作社种植管理,到 2018 年年底,××合作社将所种植的作物销售后支付农户收益款。签订协议后,赵某甲改种黄豆,因当年经营不善(降雨少、灌溉没跟上)导致减产,未能按照所签订协议支付农户收益款。赵某甲将当年收获的黄豆销售后,获款 10 万元,该所得收益用于支付××合作社的投资后,只向农户支付了 3 万元收益款。按照协议约定,2018 年××合作社应向农户支付的收益款应为 97 万余元,造成农户损失。

1. 风险产生的原因

(1) 制度缺失。当前土地托管相关的法律法规并不健全，市场上缺乏对土地托管服务主体的规范化引导。托管主体涉及企业、合作社、供销社、家庭农场、村集体等多种类型的组织形式，相关规范的出台和实施面临差别化制定的难题。

(2) 监督无力。土地托管的监督处于缺位状态。一般来说，托管过程多由村集体在其中发挥监督作用，但这种监督不是硬性规定，而是一种软监督，对托管服务主体行为的影响不大。因此，明确监督主体、完善监督体制、划清多方主体的职责是目前规范土地托管的重中之重。

2. 风险的趋势预测及治理

由于目前尚未出台相应的法律法规，托管服务主体的进出门槛较低，有些托管服务主体的目的不是为需求方提供托管服务，而是以此获取国家补贴或出于其他目的。托管市场鱼龙混杂，如果这种情况得不到改善，未来一段时间该种矛盾冲突仍处于上升趋势。

6.3.4.5 土地托管需求方与村集体之间的利益冲突风险

全托管模式下，农业生产过程基本由托管服务主体负责管理，村集体、农户应起监督生产的作用。但是由于多数托管服务协议的达成都需要通过村集体进行号召、动员，村集体在托管过程中扮演着沟通、协调的作用，有时还代表农户与企业、专业合作社、供销社等签订合同。村集体在其中既具有一定的公共服务色彩，同时又作为中介向托管供给方收取少量的服务报酬。托管环节一旦出现问题，农户不仅会认为托管供给方服务不到位，还会认为村集体监督不力，协调不到位，只为从中获取利润和补贴，因此双方容易产生矛盾冲突。

6.4 半托管模式下的风险分析

6.4.1 半托管模式的界定

半托管模式是一种比较灵活的土地托管模式。在该模式中，农户根据自己的需要与土地托管供给方协商，将农业生产过程中的某个或某几个环节委托给土地托管服务主体完成，由托管服务主体对承包地进行相应环节的生产和管理。土地托管服务主体在约定时间内完成服务并由农户验收，农户按照协议价格向土地托管服务主体支付相应的服务费，承包地收益归农户所有。

6.4.2 半托管模式的利益相关者

半托管模式的利益相关者和全托管模式的利益相关者大类相同，分为土地托管的供给方、需求方、中介方、相关政府部门、金融机构等5类。

(1) 土地托管供给方可分为供销社、专业合作社、企业、种粮大户。

(2) 土地托管需求方主要是农户。

(3) 土地托管中介方主要指村集体。

(4) 土地托管相关政府部门主要包括农业农村部、财政部、各地政府。

(5) 土地托管相关金融机构包括银行、保险公司等。

6.4.3 半托管模式的利益链

半托管过程中的自然灾害风险通常由土地托管需求方承担，土地托管服务主体收取相应生产环节的服务费用，完成该环节的农业生产服务，不负责保障承包地的最终收益。这种模式操作方便，程序简单，责任清晰，但是于托管经营主体而言，服务成本较高，收益较少。村集体在半托管过程中扮演着组织农户参与托管、协调中间事务的角色，托管经营主体会向村集体经济组织支付中介服务报酬。半托管模式中，农户、托管服务主体和村集体三者的收益来源主要是农村土地产出收益和政府补贴。[90]半托管模式下土地托管利益分配格局，见图6-2。

6.4.4 半托管模式的利益冲突风险

6.4.4.1 土地托管供给方与需求方之间的利益冲突风险

在半托管模式下，由于农户只是将某一个或某几个阶段的农业生产活动委托给托管服务主体进行相应管理，小农户家庭经营的农情导致农户地块分散，“插花地”也成为土地托管的难题。因此，托管服务主体面临着农户需求多样化、农户地块分散化的情形，服务费用也随之增加。农户既要承担

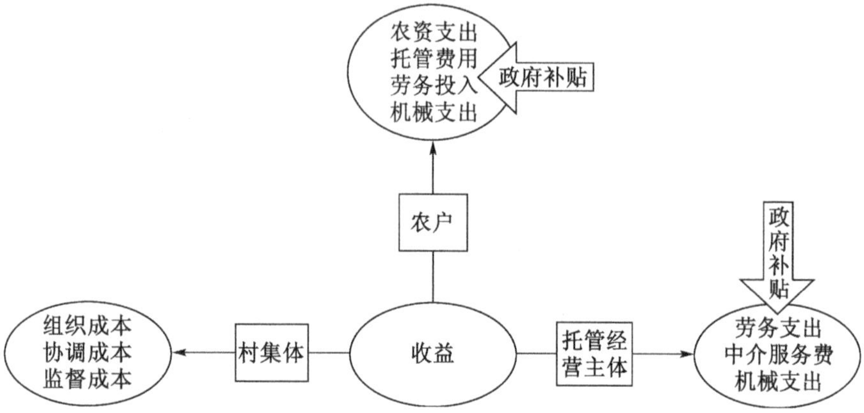

图 6-2　半托管模式下土地托管利益分配格局

农业生产过程中的自然灾害风险、市场风险,又要负担托管服务费用。农户希望降低托管费用,托管服务主体为了获取利润可能会选择降低托管服务质量来压缩托管成本,如果最终托管服务的效果没有农户自己经营的效果好,双方就会产生矛盾。

6.4.4.2　村集体与农户之间的利益冲突风险

在半托管模式下,虽然农户有自主选择服务环节的机会,但是半托管模式往往达不到获得国家补贴的条件,托管服务费用相对较高,另外村集体收取的服务报酬较少,组织农户开展半托管服务的动力不足。如果托管效果不能达到农户期望,那么农户会认为村集体对托管服务的监督不到位,双方易产生矛盾。

6.5　入股托管模式下的风险分析

6.5.1　入股托管模式的界定

入股托管即土地承包人将土地以股份的形式委托给土地托管服务主体进行管理,托管服务主体负责受托承包地的耕种收售环节,双方约定以股金作为保底金额,年底如有获利则将利润在双方之间进行分成。入股托管适用于自身无暇顾及或因某些原因不能亲自从事农业生产活动,但又不愿意将土地流转给他人、希望保留土地承包权和经营权的农田承包人。这类主体往往兼顾从事农业生产外的其他行业，并以其他行业收入为主，但因重视土地的增值价值不愿荒废土地。

6.5.2 入股托管模式的利益相关者

入股托管模式作为一种新型土地托管模式，应用范围比全托管模式和半托管模式小，目前参与入股托管的主体数量不多。入股土地托管模式下的利益相关者主要有三类：土地托管服务供给方（供销社、专业合作社）、土地托管服务需求方（农户）、土地托管中介方（村集体）。

6.5.2.1 土地托管供给方

1. 供销社

在供销社领办入股土地托管模式中，供销社开展土地托管服务要同村集体协调合作，依然属于村社共建的托管模式。这是供销社在当前时期吸引社员、发展壮大的良好机遇，是适应时代发展的创新之举，也是能为农户提供更多便利，带来更大收益的托管模式。例如，在推进“党建带社建，村社共建”实践中，山东省滕州市供销合作社结合大田作物托管，在西岗镇东王庄村创新开展“股份式”土地托管模式，推行“保底＋分红”的利益共享机制和“农业职业管理人”制度，有效带动了村集体经济的发展和农民增收致富，获得了农民群众的欢迎和党委、政府的认可。截至2017年，全村1 050亩土地实现了整建制托管，村集体年均增加收入10余万元，为农民增收236万元。[91]

2. 专业合作社

在专业合作社领办入股土地托管模式中，专业合作社和村集体进行沟通，向村集体说明股份托管的流程、益处等，再由村集体作为中介，组织号召有意愿的农户参与股份式土地托管。例如：百信合作社成立于2010年，合作社成立之初主要以土地托管为主，截至2016年，已服务社员13 000户，土地托管面积达8 466.67公顷，对推进土地的规模经营，实现经济效益、生态效益和社会效益协同发展起到了良好的促进作用。在此基础上，2016年年底合作社积极探索小农户与现代农业衔接的新模式，在迁安市高庄村以及滦州市的杨家院村、西郭庄等村推行农地入股，参与农户达3 000多户，入股农地达400公顷。[92]

6.5.2.2 土地托管需求方

入股土地托管模式中的服务需求方主要是指那些不能够从事农业生产又不愿将土地流转他人或者还给村集体的农户。农户以土地经营权入股，托管服务主体每年向其支付固定的收益，年底再将所获得利润按照一定比例在双方之间进行分成。农户既可以安心外出经商务工，又无须担心家中农田荒弃。

6.5.2.3 土地托管中介方

入股土地托管模式中，村集体作为土地托管中介这一角色十分重要。一方面，村集体要确认土地托管服务主体是否可靠，是否能为村集体和农户带来更多收益，是否能促进农村经济社会发展；另一方面，村集体还要与有意愿托管土地且符合条件的农户展开深入地沟通，使农户认识到股份式托管的优点并且愿意将承包地的经营权以入股形式委托给托管服务主体，协助双方订立合同。

6.5.3 入股托管模式的利益链

入股土地托管模式取得的收益在托管服务供给方、农户、村集体之间按比例进行分配，农户同时还获得保底收入，入股托管的利益链比较清晰。例如，在百信合作社托管案例中，农户入股土地1公顷折合15个股，农地入股后，农民可以获得最低收入保障4 500元/公顷，村委会获得服务费450元/公顷。年终取得收益后，农户分红60%，合作社分红40%。此外，合作社再把收益中的10%分给村委会。

6.5.4 入股托管模式的利益冲突风险

6.5.4.1 土地托管供给方与农户因自然灾害产生的利益冲突风险

入股土地托管模式采取的是“保底+分红”的利益分配模式，这是一种风险共担的分配机制。如果因自然灾害等风险因素导致承包地减产，土地托管服务主体可以向农户少分红甚至不分红。如果双方没有明确说明具体的利益分配形式、金额，农户会因为没能分红而向托管服务主体讨说法，双方可能因此产生矛盾。

6.5.4.2 农户与村集体因收益问题产生的利益冲突风险

选择入股土地托管模式的农户中，在外务工或经商的所占比例较大。由于长期在外，他们对土地托管服务主体的具体运作和经营管理状况并不熟悉，推动托管过程的监督工作主要依靠村集体完成。如果托管过程中出现违背农户意愿的情况，或者因为收益问题农户与托管服务主体出现纠纷，农户在追究托管服务主体责任的同时，会认为村集体没有发挥好监督职能，由此可能会把矛头指向村集体，双方因此可能产生矛盾并诱发风险。

6.6 本章小结

本章主要从利益冲突的角度研究土地托管领域的风险问题。本章首先对我国土地托管发展现状和发展趋势进行概述，并从利益主体参与程度的角度将其划分为全托管、半托管和入股托管三大类；其次，针对不同类型的土地托管模式，对托管过程中的利益相关者、利益链进行探讨，进而研究了不同利益相关者之间存在的利益冲突风险。

土地托管是面对我国基本国情农情，实现农业农村现代化进程中的必然选择。国家相继出台了多项政策措施大力支持和推进土地托管工作，“农业生产托管万里行”活动已辐射 10 个省级地区，并将持续在全国范围继续开展。实践中农村土地托管的模式各不相同，涉及的核心利益相关者包括土地托管服务供给方、土地托管服务需求方、土地托管服务中介、相关政府部门和金融机构。在不同托管模式下，各主体之间存在的利益冲突表现出多种形式。土地托管事关国家粮食安全，不断建立和完善促进土地托管顺利推进的保障措施具有重要意义。

7

农村土地利用风险治理的政策建议

本章在对农地征收、农村宅基地制度改革、农村土地托管等领域面临的风险问题进行分析的基础上，分别针对农地征收中农民网络诉求表达风险、农村宅基地使用权放活风险、农村宅基地退出风险、农村土地托管风险等几类风险的治理问题提出政策建议。

7.1 关于农地征收中农民网络诉求表达风险治理的政策建议

7.1.1 强化网络环境建设,奠定诉求表达基础

我国经济社会发展进入新阶段,在城镇化建设成果不断显著的同时也出现许多问题。征地作为各地政府不可避免的重要发展手段,引发了较多矛盾冲突。在互联网时代背景下,网络诉求表达机制逐渐成为失地农民表达诉求的一种新的有效途径。网络为相对弱势的农民群体提供了话语渠道,通过QQ、微信、微博等方式,失地农民可以表达个人或集体诉求,获得舆论支持,维护自身权益。相关政府部门应开通或支持相关合法组织建立具有权威性、规范化的征地诉求表达网络通道。加强打击并严厉惩处非法网络平台,为失地农民网络诉求表达提供更多优质空间,妥善应对农地征收过程中出现的农民网络诉求表达风险行为。

与此同时,失地农民网络诉求表达风险行为的主体、内容、方式等方面也存在较多问题,如失地农民网络诉求表达风险行为主体中的年轻农民群体居多、网络诉求表达会出现信息失实等。因此,本书建议通过不断建立健全法律法制,增强网络监督管理力度;完善各制度化诉求表达机制,优化农民网络诉求表达环境;提高失地农民综合素质,提高失地农民诉求表达的科学性、合理性和有效性。

7.1.2 加强宣传教育,提高失地农民综合素质

首先,培育失地农民表达诉求、维护权利的主观意识,并积极宣传农地征收及相关利益诉求表达相关法律知识。支持失地农民勇于表达诉求、并且知道如何合法合理地表达。引导失地农民在面对冲突时,能够有意识、有能力、有秩序地表达自身诉求。其次,宣传网络道德文化,支持农民实事求是、有理有据地表达诉求,引导失地农民以理性方式进行网络诉求表达,避免出现夸大或歪曲事实的情况。再次,需加强农村网络基础设施建设,为失地农民自主网络诉求表达提供基本条件。不断提升农民尤其是老年农民群体使用互联网及智能设备的技能。

7.1.3 依法行政,转变治理态度

首先,应健全和完善征地规章和标准、征地补偿、征地监督等相关法律法规,为各级各地政府的农地征收工作提供基本的行为准则。其次,在政府网站专设农地征收诉求表达链接板块,网站内容可包括诉求表达知识、在线专家解答等,积极关注并有效回应失地农民合理诉求。最后,相关政府部门工作人员应贯彻落实“以人为本”的执政理念,提高基层干部的依法执政意识,转变治理态度,构建和谐的基层干群关系,做好农地征收工作,避免强征强拆等情况发生,从源头上避免与农民发生矛盾冲突。

7.1.4 加强监督,引导失地农民有序表达

首先,健全网络留言、网络诉求表达行为相关法律,使失地农民在网络诉求表达时自觉规范网络言论和网络秩序。其次,加强网络言论监督工作,严厉禁止并惩处在网络上发布与事实不符言论、散布虚假信息、影响社会正常秩序等行为。维护网络安全,使农民的网络诉求表达信息更具真实性,提高利益诉求表达成效。

7.1.5 完善表达机制,促进机制协同

农地征收中农民网络诉求表达风险行为一定程度上兼具独特的监督作用,能使失地农民网络诉求问题得以有效解决。网络诉求表达机制的存在能够增强农地征收领域矛盾冲突事件的社会关注度,但是失地农民网络诉求表达风险行为和冲突事件的有效解决,从根本上仍然需要依靠合理的制度安排。必须完善失地农民网络诉求表达机制,促使各类诉求表达机制相互协调。疏通失地农民上访、诉讼等诉求表达渠道,及时有效回应失地农民诉求。

7.2 关于农村宅基地使用权放活风险治理的政策建议

7.2.1 政府适度干预

在宅基地使用权放活过程中,中央政府负责顶层设计,制定相关政策。

基层政府应该明确在宅基地使用权流转过程中的角色定位,不仅要因地制宜做到科学合理规划,还要做好监督管理,保障宅基地使用权的流转工作合法有序地开展。相关政府部门要制定政策,引导和保障宅基地使用权放活工作顺利落实。充分发挥市场主体的主观能动作用,尊重村民自治,根据各地资源、经济、社会条件,探索与之匹配的政策环境。

7.2.2 尊重农民宅基地使用权流转意愿

村集体经济组织是宅基地所有权人,村委会在宅基地使用权流转过程中发挥着重要作用,在主导、协调项目合作过程中应该充分尊重村民意愿。全国范围内的宅基地制度改革试点已经探索出了一些可供借鉴的经验。为了有效降低改革中触发风险的可能性,应当鼓励村民在宅基地使用权流转过程中积极发表个人看法和意见,以此了解村民的真实想法,做好引导工作。

本书调查发现,有些村民对我国宅基地制度改革的规划、措施和支持政策并不了解,这可能导致他们不敢冒风险把宅基地流转出去。对此,基层政府部门尤其是村集体应做好宣传,加大力度宣传国家相关政策。还有因村民对宅基地使用权流转的收益分配不满意影响宅基地使用权流转进度推进的。这就要求企业、村集体等利益相关者充分尊重国家赋予农民的宅基地使用权这一财产权利,积极探索农民共享的宅基地制度改革收益分配机制。

7.2.3 探索流转方式多样化

宅基地使用权流转方式有多种。例如,Q村农贸市场项目采用了租赁方式。Q村人文历史悠久,环境优美,离市区较近且交通便利。企业依靠这些先天条件,结合乡村文化,利用闲置宅基地发展农家乐、乡村旅游等,进一步盘活了现有闲置宅基地资源。后续可针对乡村文化的保护和传承,继续探索新的发展思路。又如,金寨县小南京村通过“补偿+奖励”制度等多种形式,给予农民充分的选择权,让农民自愿退出土地,再对宅基地进行开发利用,建设成生态农业体验园,改善了村民的生活。[93] Q村的闲置宅基地分布不一,可以逐步探索和综合利用各种不同的宅基地使用权流转方式,不断调动和激发村民内生动力,带动村内其他区域的闲置宅基地陆续盘活。

宅基地使用权流转方式有很多种,目的都是盘活农村闲置住房和宅基地,增加农民收入,实现乡村振兴。不同地区的村庄应根据自身实际情况,结合当地资源优势,选择适合自身的流转方式。学习和借鉴试点地区的一些成功做法也非常必要,这有助于突破宅基地使用权流转过程中遇到的现实困境。

7.3 关于农村宅基地退出风险治理的政策建议

7.3.1 制定差别化宅基地退出政策

根据农村宅基地退出风险回归分析结果,农户年龄、受教育程度、家庭人口数、宅基地面积、宅基地与县镇的距离会对农户宅基地退出意愿产生影响。这说明农民的个体因素、家庭因素等会影响农户的退地行为选择,是宅基地退出的主要风险因素。[94]因此,政府在制定相关政策时应该考虑不同农民的个体特征和偏好,依据差别化原则,出台更具针对性的政策。[95-96]例如,不同类型的农户对于宅基地退出有不同的需求,政府可以将宅基地退出补偿模式与村庄的发展规划以及宅基地所处的地理位置相结合,为农户提供货币补偿、集中居住住房分配、单独公寓房分配等多种补偿安置方式供其选择。

7.3.2 落实农村宅基地退出保障工作

宅基地退出风险的影响因素中,保障预期维度内显著的变量最多且均为正相关,这说明农户在考虑是否退出宅基地时很大程度的不确定性源于保障预期因素。当前进城务工的农民无法和城镇居民享有同等的医疗、教育、就业、养老等条件时,这种由于身份不同带来的"差别对待"极大地增强了农户退出宅基地的不确定性。社会保障的不完善也让农户对退出农村宅基地望而却步。因此,为了降低农户宅基地退出风险,政府要落实农村宅基地退出保障工作[97-98],完善针对进城农户的社会保障体系,扩大社会服务范围,让农户能在城市长久安稳生活下去。

7.3.3 设定合理的农村宅基地退出补偿标准

本书研究结果表明,农户对政府的宅基地退出补偿标准满意度越低,其退出宅基地的意愿越弱。也就是说，退出补偿标准低于农户的期望值会阻碍农户退出。政府在制定农村宅基地退出补偿政策和标准时应该从多个方面进行考量，合理设定，尊重农户的需求。政府通过听取农户或者村集体等多方面关于宅基地退出补偿的意见，可以丰富和完善宅基地退出补偿标准，也使补偿标准更符合农户的预期，以此可以增强农户退出宅基地的意愿。

7.3.4 加强农村宅基地退出政策引导和宣传

在社会心理因素中，其他村民的意见对农户退出宅基地的行为选择有正向影响。农户可能会因为其他村民对宅基地退出正面或者负面的评价来决定退出或者不退出宅基地。处于信息劣势的农户极有可能盲目地做出选择。所以政府要加强与村民的沟通，对农户进行政策引导和宣传。本书的调查结果进一步验证了农户受已经退出农村宅基地的农民意见影响较大，因而政府可以通过召开经验分享会来推进宅基地退出政策的宣传。让更多的农户对宅基地退出政策有比较清晰的认知，能更加理性地判断是否需要退出农村宅基地。

7.4 关于农村土地托管风险治理的政策建议

7.4.1 完善和规范土地托管相关法规政策

土地托管实践的发展受到相关政府部门的持续关注、支持和推进，但是与土地托管有关的法律法规仍处于缺失状态。随着 2018 年中央一号文件《中共中央 国务院关于实施乡村振兴战略的意见》提出法治乡村建设活动，2020 年中央全面依法治国委员会印发了《关于加强法治乡村建设的意见》，这都将为土地托管提供良好的法治化氛围。为了进一步规范土地托管中不同利益主体的行为，亟须完善我国现行的土地制度和相关法律法规，使土地托管有法可依。保障农户的各项权益，以便提升农户参与土地托管的信心和动力。

《土地管理法》和《农民专业合作社法》这两部法律并不足以为我国土地托管的规范发展提供具体的指导，因此亟须完善相关法律法规来满足土地托管的发展需要。相关法律的逐步健全和完善将促使土地托管双方的权利义务关系更加明确。经过不断试点和总结,土地托管双方主体知法、守法、用法的意识将不断提高。由此,托管双方因权责关系不清导致的风险才可能不断降低、化解。

7.4.2 建立和完善土地托管组织信用评价体系

建立科学的信用评价体系,提高和稳固托管主体的信用水平,能更有效地为托管组织争取资金支持,对提升土地托管服务的可持续性具有现实意义。土地托管服务主体类型多样,现行的一套指标体系不能满足多元主体的评级需求,应当依据不同主体的特征进行分类,设定更有针对性的指标体系。根据主体类别,将土地托管组织划分为家庭经营类、合作经营类和企业经营类,分别建立评级指标体系,更能真实地反映主体的信用情况,从而引导主体不断提升自身信用,减少信贷风险的发生。

7.4.3 加强土地托管组织经营资质审查,提升服务质量

稳慎推进土地托管实践,国家在大力宣传的同时,应该不断提升土地托管服务主体的服务质量。注重对托管服务组织经营资质的审核,提高准入门槛,防止不具备资质的组织进入土地托管领域,破坏土地托管经营秩序、降低服务质量。启动土地托管经营管理人才培养工程,长期开展对农户和托管经营主体的培训和培育工作,引导和帮助其学习先进经营理念,摆脱传统、单一经验式管理模式。鼓励年轻一代学习农业生产经营技术、专业财务及经营管理知识,提高决策和管理水平。搭建管理技术和人才信息共享平台,促进信息交流与人才的合理使用,建设一支高素质、懂农业的经营管理队伍。

7.4.4 加大资金扶持力度,实现收益合理分配

综合运用补贴、减少税收等方式加大对土地托管服务组织的资金扶持力度,将土地托管经营纳入农业发展专项资金支持范围,化解农业生产过程中资金供给不足的问题。鼓励银行逐步拓宽农业信贷抵押物范围,开辟新的融资渠道,整合支农扶贫再贷款,做好对新型农业经营主体的金融扶持。建立合理的收益分配机制,既要保证收益分配能够提高农户参与土地托管

的意愿，又要避免因收益分配不均出现合同纠纷和经营不善的局面，促使托管服务组织与农户合理分享农业生产经营收益，实现托管服务组织与服务对象之间的合作共赢。

7.5 本章小结

本章在前面章节对农地征收、农村宅基地制度改革、农村土地托管等领域面临的风险进行分析的基础上，分别针对农地征收中农民网络诉求表达风险、农村宅基地使用权放活风险、农村宅基地退出风险、农村土地托管风险等几类风险的治理问题提出政策建议，以期为相关政府部门决策提供参考。

本章在农地征收农民网络诉求表达风险治理中，提出强化网络环境建设，奠定诉求表达基础；加强宣传教育，提高失地农民综合素质；依法行政，转变治理态度；加强监督，引导失地农民有序表达；不断完善表达机制，促进机制协同。在农村宅基地使用权放活风险治理中，提出政府应适度干预；尊重农民宅基地使用权流转意愿；不断探索多样化的宅基地流转方式。在农村宅基地退出风险治理中，提出制定差别化宅基地退出政策；落实农村宅基地退出保障工作；设定合理的农村宅基地退出补偿标准；加强农村宅基地退出政策引导和宣传。在农村土地托管风险治理中，提出完善和规范土地托管相关政策法规；建立和完善土地托管组织信用评价体系；加强土地托管组织经营资质审查，提升服务质量；加大资金扶持力度，实现收益合理分配。

8

结论与展望

本章主要阐述和总结了前面各章节研究的主要结论，并对研究中有待深入探讨的内容进行展望。农村土地利用典型模式的适用性评价研究、农村集体经营性建设用地制度改革风险问题的研究对于丰富和完善农村土地利用领域的风险研究成果具有一定的价值，能够为我国农村土地制度改革提供服务。

8.1 主要研究结论

本书以我国农村土地制度改革中与农户直接相关的土地征收、宅基地制度改革、农村土地托管三个方向为起点，分别对网络信息技术应用、乡村振兴战略落实、农业农村现代化发展三大时代背景进行分析，阐明本书研究的重要价值。在对已有研究成果和相关理论进行梳理和分析的基础上，本书重点结合案例研究法分析并探讨了农地征收中农民网络诉求表达、农村宅基地制度改革、农村土地托管三大领域的风险问题；定性分析了农地征收中农民网络诉求表达风险行为，实证研究了农地征收中农民网络诉求表达风险行为的诱发因素，定性分析了农村宅基地使用权放活的运行风险，实证研究了农村宅基地退出风险，分类探讨了农村土地托管领域的风险问题。本书得到的主要结论如下：

（1）结合失地农民网络诉求表达的相关案例，对农地征收过程中农民网络诉求表达风险行为的主客体、内容、过程和效应等内容进行分析，对农地征收中农民网络诉求表达风险行为的效应进行了探讨。

农地征收过程中农民网络诉求表达风险的主体是直接或间接利益受损者，即失地农民，年轻人占较大比例，同时还包括通过网络组成的维权组织。农地征收过程中农民网络诉求表达风险的客体主要是诉求表达的回应者，涉及政府部门、企业或某些社会组织。农民网络诉求表达风险的载体主要是互联网，表达方式包括个体诉求表达和集体诉求表达。失地农民网络诉求表达风险的存在一定程度上可以缓和冲突，能够降低农民维权的难度，有利于增强失地农民的政治参与感。

（2）主要研究了农地征收中农民网络诉求表达风险行为的诱发因素。分析失地农民诉求表达及其回应的现状、存在的问题，从农地征收中农民网络诉求表达风险行为的内因、外因两个层面，归纳、总结并提炼诱发因素，据此提出研究假设。根据研究假设设置量化指标体系，选择样本区，发放问卷，收集数据。在数据统计分析的基础上进行研究假设的验证性回归分析，对农民网络诉求表达风险行为的重要诱发因素进行识别和判断。研究结果显示，农地征收过程中农民网络诉求表达风险的内因作用不明显，网络技术的发展对农地征收过程中农民网络诉求表达风险影响较大，制度化诉求表达渠道低效是农民网络诉求表达风险的重要因素，农村法律援助困境与行业协会的缺失助推了网络化诉求表达风险的形成。

(3) 在资源依赖理论基础上，运用案例分析方法研究了农村宅基地使用权放活实践中的风险问题。从利益主体构成、主体功能、角色以及主体需求方面对农村宅基地使用权放活的利益主体进行深入剖析。以Q村为例分析宅基地使用权放活利益主体参与运营和管理的内容、参与程序等，从中总结农村宅基地使用权放活多元利益主体之间的关系、利益链，进而从村民、村集体、企业、政府等不同利益主体的角度总结农村宅基地使用权放活过程中的风险。

(4) 主要研究了农村宅基地退出中的风险问题。借鉴利益相关者理论，对农村宅基地退出的核心利益相关者、重要利益相关者、一般利益相关者进行划分，从农户、政府部门、村集体等层面分别探讨宅基地退出风险因素中的农户个体因素和保障预期因素、政府治理因素、社会心理因素；构建农户宅基地退出风险模型并选取变量。采用二元Logistic回归分析方法对农村宅基地退出风险因素进行实证分析得知，农户年龄、农户家庭人口数、农户宅基地面积对农村宅基地退出风险呈负向影响；农户受教育程度、宅基地与县镇的距离、居住条件、子女教育条件、宅基地退出补偿标准、社会心理因素对农村宅基地退出呈正向影响。

(5) 从利益冲突的角度研究土地托管领域的风险问题。从不同利益主体参与程度的角度将土地托管划分为全托管、半托管和入股托管三大类。针对不同类型的土地托管模式，对托管过程中的利益相关者、利益链进行探讨，进而研究了不同利益相关者之间存在的利益冲突风险。

(6) 在前述章节分析的基础上，分别从农地征收中农民网络诉求表达风险治理、农村宅基地退出使用权放活治理、农村宅基地退出风险治理、农村土地托管风险治理等角度提出相关政策建议。

8.2 未来展望

8.2.1 农村土地利用典型模式的适用性评价研究

本书以案例归纳总结、案例深度剖析两种方式对农村土地征收中农民网络诉求表达风险行为及其影响因素、农村宅基地使用权放活的运行风险、农村宅基地退出风险、农村土地托管风险进行了研究。每一领域的风险分析包含了代表不同实践模式的案例,但研究重点不在于典型实践模式对于不同类型农村的适用性。由于我国农村地区资源环境条件差异较大,后续若能对农村土地利用制度改革中不同典型模式的案例进行深入分析和比较,并进行适用性评价将具有重要意义。

8.2.2 农村集体经营性建设用地制度改革风险问题的研究

本书主要针对农村土地征收、农村宅基地制度改革、农村土地托管等与农民直接相关联的农村土地利用风险问题进行了分析和探讨。对于与农民间接关联的农村集体经营性建设用地领域的风险问题本书并没有涉及,后续研究中若能对这部分内容进行重点研究,将有助于全面认识农村土地利用领域的风险问题,为农村土地制度改革提供一定的借鉴。

附录一

中共中央 国务院关于全面推进乡村振兴加快农业农村现代化的意见

（中共中央、国务院 2021 年发布）

党的十九届五中全会审议通过的《中共中央关于制定国民经济和社会发展第十四个五年规划和二〇三五年远景目标的建议》，对新发展阶段优先发展农业农村、全面推进乡村振兴作出总体部署，为做好当前和今后一个时期"三农"工作指明了方向。

"十三五"时期，现代农业建设取得重大进展，乡村振兴实现良好开局。粮食年产量连续保持在 1.3 万亿斤以上，农民人均收入较 2010 年翻一番多。新时代脱贫攻坚目标任务如期完成，现行标准下农村贫困人口全部脱贫，贫困县全部摘帽，易地扶贫搬迁任务全面完成，消除了绝对贫困和区域性整体贫困，创造了人类减贫史上的奇迹。农村人居环境明显改善，农村改革向纵深推进，农村社会保持和谐稳定，农村即将同步实现全面建成小康社会目标。农业农村发展取得新的历史性成就，为党和国家战胜各种艰难险阻、稳定经济社会发展大局，发挥了"压舱石"作用。实践证明，以习近平同志为核心的党中央驰而不息重农强农的战略决策完全正确，党的"三农"政策得到亿万农民衷心拥护。

"十四五"时期，是乘势而上开启全面建设社会主义现代化国家新征程、向第二个百年奋斗目标进军的第一个五年。民族要复兴，乡村必振兴。全面建设社会主义现代化国家，实现中华民族伟大复兴，最艰巨最繁重的任务依然在农村，最广泛最深厚的基础依然在农村。解决好发展不平衡不充分问题，重点难点在“三农”，迫切需要补齐农业农村短板弱项，推动城乡协调发展；构建新发展格局，潜力后劲在“三农”，迫切需要扩大农村需求，畅通城乡经济循环；应对国内外各种风险挑战，基础支撑在“三农”，迫切需要稳住农业基本盘，守好“三农”基础。党中央认为，新发展阶段“三农”工作依然极端重要，须臾不可放松，务必抓紧抓实。要坚持把解决好“三农”问题作为全党工作重中之重，把全面推进乡村振兴作为实现中华民族伟大复兴的一项重大任务，举全党全社会之力加快农业农村现代化，让广大农民过上更加美好的生活。

一、总体要求

（一）指导思想。以习近平新时代中国特色社会主义思想为指导，全面贯彻党的十九大和十九届二中、三中、四中、五中全会精神，贯彻落实中央经济工作会议精神，统筹推进“五位一体”总体布局，协调推进“四个全面”战略布局，坚定不移贯彻新发展理念，坚持稳中求进工作总基调，坚持加强党对“三农”工作的全面领导，坚持农业农村优先发展，坚持农业现代化与农村现代化一体设计、一并推进，坚持创新驱动发展，以推动高质量发展为主题，统筹发展和安全，落实加快构建新发展格局要求，巩固和完善农村基本经营制度，深入推进农业供给侧结构性改革，把乡村建设摆在社会主义现代化建设的重要位置，全面推进乡村产业、人才、文化、生态、组织振兴，充分发挥农业产品供给、生态屏障、文化传承等功能，走中国特色社会主义乡村振兴道路，加快农业农村现代化，加快形成工农互促、城乡互补、协调发展、共同繁荣的新型工农城乡关系，促进农业高质高效、乡村宜居宜业、农民富裕富足，为全面建设社会主义现代化国家开好局、起好步提供有力支撑。

（二）目标任务。2021 年，农业供给侧结构性改革深入推进，粮食播种面积保持稳定、产量达到 1.3 万亿斤以上，生猪产业平稳发展，农产品质量和食品安全水平进一步提高，农民收入增长继续快于城镇居民，脱贫攻坚成果持续巩固。农业农村现代化规划启动实施，脱贫攻坚政策体系和工作机制同乡村振兴有效衔接、平稳过渡，乡村建设行动全面启动，农村人居环境整治提升，农村改革重点任务深入推进，农村社会保持和谐稳定。

到 2025 年，农业农村现代化取得重要进展，农业基础设施现代化迈上新台阶，农村生活设施便利化初步实现，城乡基本公共服务均等化水平明显提高。农业基础更加稳固，粮食和重要农产品供应保障更加有力，农业生产结构和区域布局明显优化，农业质量效益和竞争力明显提升，现代乡村产业体系基本形成，有条件的地区率先基本实现农业现代化。脱贫攻坚成果巩固拓展，城乡居民收入差距持续缩小。农村生产生活方式绿色转型取得积极进展，化肥农药使用量持续减少，农村生态环境得到明显改善。乡村建设行动取得明显成效，乡村面貌发生显著变化，乡村发展活力充分激发，乡村文明程度得到新提升，农村发展安全保障更加有力，农民获得感、幸福感、安全感明显提高。

二、实现巩固拓展脱贫攻坚成果同乡村振兴有效衔接

（三）设立衔接过渡期。脱贫攻坚目标任务完成后，对摆脱贫困的县，从脱贫之日起设立 5 年过渡期，做到扶上马送一程。过渡期内保持现有主要帮扶政策总体稳定，并逐项分类优化调整，合理把握节奏、力度和时限，逐步实现由集中资源支持脱贫攻坚向全面推进乡村振兴平稳过渡，推动“三农”工作重心历史性转移。抓紧出台各项政策完善优化的具体实施办法，确保工作不留空档、政策不留空白。

（四）持续巩固拓展脱贫攻坚成果。健全防止返贫动态监测和帮扶机制，对易返贫致贫人口及时发现、及时帮扶，守住防止规模性返贫底线。以大中型集中安置区为重点，扎实做好易地搬迁后续帮扶工作，持续加大就业和产业扶持力度，继续完善安置区配套基础设施、产业园区配套设施、公共服务设施，切实提升社区治理能力。加强扶贫项目资产管理和监督。

（五）接续推进脱贫地区乡村振兴。实施脱贫地区特色种养业提升行动，广泛开展农产品产销对接活动，深化拓展消费帮扶。持续做好有组织劳务输出工作。统筹用好公益岗位，对符合条件的就业困难人员进行就业援助。在农业农村基础设施建设领域推广以工代赈方式，吸纳更多脱贫人口和低收入人口就地就近就业。在脱贫地区重点建设一批区域性和跨区域重大基础设施工程。加大对脱贫县乡村振兴支持力度。在西部地区脱贫县中确定一批国家乡村振兴重点帮扶县集中支持。支持各地自主选择部分脱贫县作为乡村振兴重点帮扶县。坚持和完善东西部协作和对口支援、社会力量参与帮扶等机制。

（六）加强农村低收入人口常态化帮扶。开展农村低收入人口动态监测，实行分层分类帮扶。对有劳动能力的农村低收入人口，坚持开发式帮扶，帮助其提高内生发展能力，发展产业、参与就业，依靠双手勤劳致富。对脱贫人口中丧失劳动能力且无法通过产业就业获得稳定收入的人口，以现有社会保障体系为基础，按规定纳入农村低保或特困人员救助供养范围，并按困难类型及时给予专项救助、临时救助。

三、加快推进农业现代化

（七）提升粮食和重要农产品供给保障能力。地方各级党委和政府要切实扛起粮食安全政治责任，实行粮食安全党政同责。深入实施重要农产品保障战略，完善粮食安全省长责任制和“菜篮子”市长负责制，确保粮、棉、油、糖、肉等供给安全。“十四五”时期各省（自治区、直辖市）要稳定粮食播种面积、提高单产水平。加强粮食生产功能区和重要农产品生产保护区建设。建设国家粮食安全产业带。稳定种粮农民补贴，让种粮有合理收益。坚持并完善稻谷、小麦最低收购价政策，完善玉米、大豆生产者补贴政策。深入推进农业结构调整，推动品种培优、品质提升、品牌打造和标准化生产。鼓励发展青贮玉米等优质饲草饲料，稳定大豆生产，多措并举发展油菜、花生等油料作物。健全产粮大县支持政策体系。扩大稻谷、小麦、玉米三大粮食作物完全成本保险和收入保险试点范围，支持有条件的省份降低产粮大县三大粮食作物农业保险保费县级补贴比例。深入推进优质粮食工程。加快构建现代养殖体系，保护生猪基础产能，健全生猪产业平稳有序发展长效机制，积极发展牛羊产业，继续实施奶业振兴行动，推进水产绿色健康养殖。推进渔港建设和管理改革。促进木本粮油和林下经济发展。优化农产品贸易布局，实施农产品进口多元化战略，支持企业融入全球农产品供应链。保持打击重点农产品走私高压态势。加强口岸检疫和外来入侵物种防控。开展粮食节约行动，减少生产、流通、加工、存储、消费环节粮食损耗浪费。

（八）打好种业翻身仗。农业现代化，种子是基础。加强农业种质资源保护开发利用，加快第三次农作物种质资源、畜禽种质资源调查收集，加强国家作物、畜禽和海洋渔业生物种质资源库建设。对育种基础性研究以及重点育种项目给予长期稳定支持。加快实施农业生物育种重大科技项目。深入实施农作物和畜禽良种联合攻关。实施新一轮畜禽遗传改良计划和现代种业提升工程。尊重科学、严格监管,有序推进生物育种产业化应用。加强育种领域知识产权保护。支持种业龙头企业建立健全商业化育种体系,加快建设南繁硅谷,加强制种基地和良种繁育体系建设,研究重大品种研发与推广后补助政策,促进育繁推一体化发展。

(九)坚决守住18亿亩耕地红线。统筹布局生态、农业、城镇等功能空间,科学划定各类空间管控边界,严格实行土地用途管制。采取"长牙齿"的措施,落实最严格的耕地保护制度。严禁违规占用耕地和违背自然规律绿化造林、挖湖造景,严格控制非农建设占用耕地,深入推进农村乱占耕地建房专项整治行动,坚决遏制耕地"非农化"、防止"非粮化"。明确耕地利用优先序,永久基本农田重点用于粮食特别是口粮生产,一般耕地主要用于粮食和棉、油、糖、蔬菜等农产品及饲草饲料生产。明确耕地和永久基本农田不同的管制目标和管制强度,严格控制耕地转为林地、园地等其他类型农用地,强化土地流转用途监管,确保耕地数量不减少、质量有提高。实施新一轮高标准农田建设规划,提高建设标准和质量,健全管护机制,多渠道筹集建设资金,中央和地方共同加大粮食主产区高标准农田建设投入,2021年建设1亿亩旱涝保收、高产稳产高标准农田。在高标准农田建设中增加的耕地作为占补平衡补充耕地指标在省域内调剂,所得收益用于高标准农田建设。加强和改进建设占用耕地占补平衡管理,严格新增耕地核实认定和监管。健全耕地数量和质量监测监管机制,加强耕地保护督察和执法监督,开展"十三五"时期省级政府耕地保护责任目标考核。

(十)强化现代农业科技和物质装备支撑。实施大中型灌区续建配套和现代化改造。到2025年全部完成现有病险水库除险加固。坚持农业科技自立自强,完善农业科技领域基础研究稳定支持机制,深化体制改革,布局建设一批创新基地平台。深入开展乡村振兴科技支撑行动。支持高校为乡村振兴提供智力服务。加强农业科技社会化服务体系建设,深入推行科技特派员制度。打造国家热带农业科学中心。提高农机装备自主研制能力,支持高端智能、丘陵山区农机装备研发制造,加大购置补贴力度,开展农机作业补贴。强化动物防疫和农作物病虫害防治体系建设,提升防控能力。

(十一)构建现代乡村产业体系。依托乡村特色优势资源,打造农业全产业链,把产业链主体留在县城,让农民更多分享产业增值收益。加快健全现代农业全产业链标准体系,推动新型农业经营主体按标生产,培育农业龙头企业标准“领跑者”。立足县域布局特色农产品产地初加工和精深加工，建设现代农业产业园、农业产业强镇、优势特色产业集群。推进公益性农产品市场和农产品流通骨干网络建设。开发休闲农业和乡村旅游精品线路，完善配套设施。推进农村一二三产业融合发展示范园和科技示范园区建设。把农业现代化示范区作为推进农业现代化的重要抓手，围绕提高农业产业体系、生产体系、经营体系现代化水平，建立指标体系，加强资源整合、政策集成，以县（市、区）为单位开展创建，到2025年创建500个左右示范区，形成梯次推进农业现代化的格局。创建现代林业产业示范区。组织开展“万企兴万村”行动。稳步推进反映全产业链价值的农业及相关产业统计核算。

（十二）推进农业绿色发展。实施国家黑土地保护工程，推广保护性耕作模式。健全耕地休耕轮作制度。持续推进化肥农药减量增效，推广农作物病虫害绿色防控产品和技术。加强畜禽粪污资源化利用。全面实施秸秆综合利用和农膜、农药包装物回收行动，加强可降解农膜研发推广。在长江经济带、黄河流域建设一批农业面源污染综合治理示范县。支持国家农业绿色发展先行区建设。加强农产品质量和食品安全监管，发展绿色农产品、有机农产品和地理标志农产品，试行食用农产品达标合格证制度，推进国家农产品质量安全县创建。加强水生生物资源养护，推进以长江为重点的渔政执法能力建设，确保十年禁渔令有效落实，做好退捕渔民安置保障工作。发展节水农业和旱作农业。推进荒漠化、石漠化、坡耕地水土流失综合治理和土壤污染防治、重点区域地下水保护与超采治理。实施水系连通及农村水系综合整治，强化河湖长制。巩固退耕还林还草成果，完善政策、有序推进。实行林长制。科学开展大规模国土绿化行动。完善草原生态保护补助奖励政策，全面推进草原禁牧轮牧休牧，加强草原鼠害防治，稳步恢复草原生态环境。

（十三）推进现代农业经营体系建设。突出抓好家庭农场和农民合作社两类经营主体，鼓励发展多种形式适度规模经营。实施家庭农场培育计划，把农业规模经营户培育成有活力的家庭农场。推进农民合作社质量提升，加大对运行规范的农民合作社扶持力度。发展壮大农业专业化社会化服务组织，将先进适用的品种、投入品、技术、装备导入小农户。支持市场主体建设区域性农业全产业链综合服务中心。支持农业产业化龙头企业创新发展、做大做强。深化供销合作社综合改革，开展生产、供销、信用“三位一体”综合合作试点，健全服务农民生产生活综合平台。培育高素质农民，组织参加技能评价、学历教育，设立专门面向农民的技能大赛。吸引城市各方面人才到农村创业创新，参与乡村振兴和现代农业建设。

四、大力实施乡村建设行动

（十四）加快推进村庄规划工作。2021年基本完成县级国土空间规划编制，明确村庄布局分类。积极有序推进“多规合一”实用性村庄规划编制，对有条件、有需求的村庄尽快实现村庄规划全覆盖。对暂时没有编制规划的村庄，严格按照县乡两级国土空间规划中确定的用途管制和建设管理要求进行建设。编制村庄规划要立足现有基础，保留乡村特色风貌，不搞大拆大建。按照规划有序开展各项建设，严肃查处违规乱建行为。健全农房建设质量安全法律法规和监管体制，3年内完成安全隐患排查整治。完善建设标准和规范，提高农房设计水平和建设质量。继续实施农村危房改造和地震高烈度设防地区农房抗震改造。加强村庄风貌引导，保护传统村落、传统民居和历史文化名村名镇。加大农村地区文化遗产遗迹保护力度。乡村建设是为农民而建，要因地制宜、稳扎稳打，不刮风搞运动。严格规范村庄撤并，不得违背农民意愿、强迫农民上楼，把好事办好、把实事办实。

（十五）加强乡村公共基础设施建设。继续把公共基础设施建设的重点放在农村，着力推进往村覆盖、往户延伸。实施农村道路畅通工程。有序实施较大人口规模自然村（组）通硬化路。加强农村资源路、产业路、旅游路和村内主干道建设。推进农村公路建设项目更多向进村入户倾斜。继续通过中央车购税补助地方资金、成品油税费改革转移支付、地方政府债券等渠道，按规定支持农村道路发展。继续开展“四好农村路”示范创建。全面实施路长制。开展城乡交通一体化示范创建工作。加强农村道路桥梁安全隐患排查，落实管养主体责任。强化农村道路交通安全监管。实施农村供水保障工程。加强中小型水库等稳定水源工程建设和水源保护，实施规模化供水工程建设和小型工程标准化改造，有条件的地区推进城乡供水一体化，到2025年农村自来水普及率达到88%。完善农村水价水费形成机制和工程长效运营机制。实施乡村清洁能源建设工程。加大农村电网建设力度，全面巩固提升农村电力保障水平。推进燃气下乡，支持建设安全可靠的乡村储气罐站和微管网供气系统。发展农村生物质能源。加强煤炭清洁化利用。实施数字乡村建设发展工程。推动农村千兆光网、第五代移动通信(5G)、移动物联网与城市同步规划建设。完善电信普遍服务补偿机制，支持农村及偏远地区信息通信基础设施建设。加快建设农业农村遥感卫星等天基设施。发展智慧农业，建立农业农村大数据体系，推动新一代信息技术与农业生产经营深度融合。完善农业气象综合监测网络，提升农业气象灾害防范能力。加强乡村公共服务、社会治理等数字化智能化建设。实施村级综合服务设施提升工程。加强村级客运站点、文化体育、公共照明等服务设施建设。

（十六）实施农村人居环境整治提升五年行动。分类有序推进农村厕所革命，加快研发干旱、寒冷地区卫生厕所适用技术和产品，加强中西部地区农村户用厕所改造。统筹农村改厕和污水、黑臭水体治理，因地制宜建设污水处理设施。健全农村生活垃圾收运处置体系，推进源头分类减量、资源化处理利用，建设一批有机废弃物综合处置利用设施。健全农村人居环境设施管护机制。有条件的地区推广城乡环卫一体化第三方治理。深入推进村庄清洁和绿化行动。开展美丽宜居村庄和美丽庭院示范创建活动。

（十七）提升农村基本公共服务水平。建立城乡公共资源均衡配置机制，强化农村基本公共服务供给县乡村统筹，逐步实现标准统一、制度并轨。提高农村教育质量，多渠道增加农村普惠性学前教育资源供给，继续改善乡镇寄宿制学校办学条件，保留并办好必要的乡村小规模学校，在县城和中心镇新建改扩建一批高中和中等职业学校。完善农村特殊教育保障机制。推进县域内义务教育学校校长教师交流轮岗，支持建设城乡学校共同体。面向农民就业创业需求，发展职业技术教育与技能培训，建设一批产教融合基地。开展耕读教育。加快发展面向乡村的网络教育。加大涉农高校、涉农职业院校、涉农学科专业建设力度。全面推进健康乡村建设，提升村卫生室标准化建设和健康管理水平，推动乡村医生向执业(助理)医师转变，采取派驻、巡诊等方式提高基层卫生服务水平。提升乡镇卫生院医疗服务能力，选建一批中心卫生院。加强县级医院建设，持续提升县级疾控机构应对重大疫情及突发公共卫生事件能力。加强县域紧密型医共体建设，实行医保总额预算管理。加强妇幼、老年人、残疾人等重点人群健康服务。健全统筹城乡的就业政策和服务体系，推动公共就业服务机构向乡村延伸。深入实施新生代农民工职业技能提升计划。完善统一的城乡居民基本医疗保险制度，合理提高政府补助标准和个人缴费标准，健全重大疾病医疗保险和救助制度。落实城乡居民基本养老保险待遇确定和正常调整机制。推进城乡低保制度统筹发展，逐步提高特困人员供养服务质量。加强对农村留守儿童和妇女、老年人以及困境儿童的关爱服务。健全县乡村衔接的三级养老服务网络，推动村级幸福院、日间照料中心等养老服务设施建设，发展农村普惠型养老服务和互助性养老。推进农村公益性殡葬设施建设。推进城乡公共文化服务体系一体建设，创新实施文化惠民工程。

（十八）全面促进农村消费。加快完善县乡村三级农村物流体系，改造提升农村寄递物流基础设施，深入推进电子商务进农村和农产品出村进城，推动城乡生产与消费有效对接。促进农村居民耐用消费品更新换代。加快实施农产品仓储保鲜冷链物流设施建设工程，推进田头小型仓储保鲜冷链设施、产地低温直销配送中心、国家骨干冷链物流基地建设。完善农村生活性服务业支持政策，发展线上线下相结合的服务网点，推动便利化、精细化、品质化发展，满足农村居民消费升级需要，吸引城市居民下乡消费。

（十九）加快县域内城乡融合发展。推进以人为核心的新型城镇化，促进大中小城市和小城镇协调发展。把县域作为城乡融合发展的重要切入点，强化统筹谋划和顶层设计，破除城乡分割的体制弊端，加快打通城乡要素平等交换、双向流动的制度性通道。统筹县域产业、基础设施、公共服务、基本农田、生态保护、城镇开发、村落分布等空间布局，强化县城综合服务能力，把乡镇建设成为服务农民的区域中心，实现县乡村功能衔接互补。壮大县域经济，承接适宜产业转移，培育支柱产业。加快小城镇发展，完善基础设施和公共服务，发挥小城镇连接城市、服务乡村作用。推进以县城为重要载体的城镇化建设，有条件的地区按照小城市标准建设县城。积极推进扩权强镇，规划建设一批重点镇。开展乡村全域土地综合整治试点。推动在县域就业的农民工就地市民化，增加适应进城农民刚性需求的住房供给。鼓励地方建设返乡入乡创业园和孵化实训基地。

（二十）强化农业农村优先发展投入保障。继续把农业农村作为一般公共预算优先保障领域。中央预算内投资进一步向农业农村倾斜。制定落实提高土地出让收益用于农业农村比例考核办法，确保按规定提高用于农业农村的比例。各地区各部门要进一步完善涉农资金统筹整合长效机制。支持地方政府发行一般债券和专项债券用于现代农业设施建设和乡村建设行动,制定出台操作指引,做好高质量项目储备工作。发挥财政投入引领作用,支持以市场化方式设立乡村振兴基金,撬动金融资本、社会力量参与,重点支持乡村产业发展。坚持为农服务宗旨,持续深化农村金融改革。运用支农支小再贷款、再贴现等政策工具,实施最优惠的存款准备金率,加大对机构法人在县域、业务在县域的金融机构的支持力度,推动农村金融机构回归本源。鼓励银行业金融机构建立服务乡村振兴的内设机构。明确地方政府监管和风险处置责任,稳妥规范开展农民合作社内部信用合作试点。保持农村信用合作社等县域农村金融机构法人地位和数量总体稳定,做好监督管理、风险化解、深化改革工作。完善涉农金融机构治理结构和内控机制,强化金融监管部门的监管责任。支持市县构建域内共享的涉农信用信息数据库,用3年时间基本建成比较完善的新型农业经营主体信用体系。发展农村数字普惠金融。大力开展农户小额信用贷款、保单质押贷款、农机具和大棚设施抵押贷款业务。鼓励开发专属金融产品支持新型农业经营主体和农村新产业新业态,增加首贷、信用贷。加大对农业农村基础设施投融资的中长期信贷支持。加强对农业信贷担保放大倍数的量化考核,提高农业信贷担保规模。将地方优势特色农产品保险以奖代补做法逐步扩大到全国。健全农业再保险制度。发挥"保险+期货"在服务乡村产业发展中的作用。

(二十一)深入推进农村改革。完善农村产权制度和要素市场化配置机制,充分激发农村发展内生动力。坚持农村土地农民集体所有制不动摇,坚持家庭承包经营基础性地位不动摇,有序开展第二轮土地承包到期后再延长30年试点,保持农村土地承包关系稳定并长久不变,健全土地经营权流转服务体系。积极探索实施农村集体经营性建设用地入市制度。完善盘活农村存量建设用地政策,实行负面清单管理,优先保障乡村产业发展、乡村建设用地。根据乡村休闲观光等产业分散布局的实际需要,探索灵活多样的供地新方式。加强宅基地管理,稳慎推进农村宅基地制度改革试点,探索宅基地所有权、资格权、使用权分置有效实现形式。规范开展房地一体宅基地日常登记颁证工作。规范开展城乡建设用地增减挂钩,完善审批实施程序、节余指标调剂及收益分配机制。2021年基本完成农村集体产权制度改革阶段性任务,发展壮大新型农村集体经济。保障进城落户农民土地承包权、宅基地使用权、集体收益分配权，研究制定依法自愿有偿转让的具体办法。加强农村产权流转交易和管理信息网络平台建设，提供综合性交易服务。加快农业综合行政执法信息化建设。深入推进农业水价综合改革。继续深化农村集体林权制度改革。

五、加强党对“三农”工作的全面领导

（二十二）强化五级书记抓乡村振兴的工作机制。全面推进乡村振兴的深度、广度、难度都不亚于脱贫攻坚，必须采取更有力的举措，汇聚更强大的力量。要深入贯彻落实《中国共产党农村工作条例》，健全中央统筹、省负总责、市县乡抓落实的农村工作领导体制，将脱贫攻坚工作中形成的组织推动、要素保障、政策支持、协作帮扶、考核督导等工作机制，根据实际需要运用到推进乡村振兴，建立健全上下贯通、精准施策、一抓到底的乡村振兴工作体系。省、市、县级党委要定期研究乡村振兴工作。县委书记应当把主要精力放在“三农”工作上。建立乡村振兴联系点制度，省、市、县级党委和政府负责同志都要确定联系点。开展县乡村三级党组织书记乡村振兴轮训。加强党对乡村人才工作的领导，将乡村人才振兴纳入党委人才工作总体部署，健全适合乡村特点的人才培养机制，强化人才服务乡村激励约束。加快建设政治过硬、本领过硬、作风过硬的乡村振兴干部队伍，选派优秀干部到乡村振兴一线岗位，把乡村振兴作为培养锻炼干部的广阔舞台，对在艰苦地区、关键岗位工作表现突出的干部优先重用。

（二十三）加强党委农村工作领导小组和工作机构建设。充分发挥各级党委农村工作领导小组牵头抓总、统筹协调作用，成员单位出台重要涉农政策要征求党委农村工作领导小组意见并进行备案。各地要围绕“五大振兴”目标任务，设立由党委和政府负责同志领导的专项小组或工作专班，建立落实台账，压实工作责任。强化党委农村工作领导小组办公室决策参谋、统筹协调、政策指导、推动落实、督促检查等职能，每年分解“三农”工作重点任务，落实到各责任部门，定期调度工作进展。加强党委农村工作领导小组办公室机构设置和人员配置。

（二十四）加强党的农村基层组织建设和乡村治理。充分发挥农村基层党组织领导作用，持续抓党建促乡村振兴。有序开展乡镇、村集中换届，选优配强乡镇领导班子、村“两委”成员特别是村党组织书记。在有条件的地

方积极推行村党组织书记通过法定程序担任村民委员会主任，因地制宜、不搞“一刀切”。与换届同步选优配强村务监督委员会成员，基层纪检监察组织加强与村务监督委员会的沟通协作、有效衔接。坚决惩治侵害农民利益的腐败行为。坚持和完善向重点乡村选派驻村第一书记和工作队制度。加大在优秀农村青年中发展党员力度，加强对农村基层干部激励关怀，提高工资补助待遇，改善工作生活条件，切实帮助解决实际困难。推进村委会规范化建设和村务公开“阳光工程”。开展乡村治理试点示范创建工作。创建民主法治示范村，培育农村学法用法示范户。加强乡村人民调解组织队伍建设，推动就地化解矛盾纠纷。深入推进平安乡村建设。建立健全农村地区扫黑除恶常态化机制。加强县乡村应急管理和消防安全体系建设，做好对自然灾害、公共卫生、安全隐患等重大事件的风险评估、监测预警、应急处置。

（二十五）加强新时代农村精神文明建设。弘扬和践行社会主义核心价值观，以农民群众喜闻乐见的方式，深入开展习近平新时代中国特色社会主义思想学习教育。拓展新时代文明实践中心建设，深化群众性精神文明创建活动。建强用好县级融媒体中心。在乡村深入开展“听党话、感党恩、跟党走”宣讲活动。深入挖掘、继承创新优秀传统乡土文化，把保护传承和开发利用结合起来，赋予中华农耕文明新的时代内涵。持续推进农村移风易俗，推广积分制、道德评议会、红白理事会等做法，加大高价彩礼、人情攀比、厚葬薄养、铺张浪费、封建迷信等不良风气治理，推动形成文明乡风、良好家风、淳朴民风。加大对农村非法宗教活动和境外渗透活动的打击力度，依法制止利用宗教干预农村公共事务。办好中国农民丰收节。

（二十六）健全乡村振兴考核落实机制。各省（自治区、直辖市）党委和政府每年向党中央、国务院报告实施乡村振兴战略进展情况。对市县党政领导班子和领导干部开展乡村振兴实绩考核，纳入党政领导班子和领导干部综合考核评价内容，加强考核结果应用，注重提拔使用乡村振兴实绩突出的市县党政领导干部。对考核排名落后、履职不力的市县党委和政府主要负责同志进行约谈，建立常态化约谈机制。将巩固拓展脱贫攻坚成果纳入乡村振兴考核。强化乡村振兴督查，创新完善督查方式，及时发现和解决存在的问题，推动政策举措落实落地。持续纠治形式主义、官僚主义，将减轻村级组织不合理负担纳入中央基层减负督查重点内容。坚持实事求是、依法行政，把握好农村各项工作的时度效。加强乡村振兴宣传工作，在全社会营造共同推进乡村振兴的浓厚氛围。

让我们紧密团结在以习近平同志为核心的党中央周围，开拓进取，真抓实干，全面推进乡村振兴，加快农业农村现代化，努力开创“三农”工作新局面，为全面建设社会主义现代化国家、实现第二个百年奋斗目标作出新的贡献！

附录二

关于促进小农户和现代农业发展有机衔接的意见

（中共中央办公厅、国务院办公厅2019年印发）

党的十九大提出，实现小农户和现代农业发展有机衔接。为扶持小农户，提升小农户发展现代农业能力，加快推进农业农村现代化，夯实实施乡村振兴战略的基础，现就促进小农户和现代农业发展有机衔接提出如下意见。

一、重要意义

发展多种形式适度规模经营，培育新型农业经营主体，是增加农民收入、提高农业竞争力的有效途径，是建设现代农业的前进方向和必由之路。但也要看到，我国人多地少，各地农业资源禀赋条件差异很大，很多丘陵山区地块零散，不是短时间内能全面实行规模化经营，也不是所有地方都能实现集中连片规模经营。当前和今后很长一个时期，小农户家庭经营将是我国农业的主要经营方式。因此，必须正确处理好发展适度规模经营和扶持小农户的关系。既要把准发展适度规模经营是农业现代化必由之路的前进方向，发挥其在现代农业建设中的引领作用，也要认清小农户家庭经营很长一段时间内是我国农业基本经营形态的国情农情，在鼓励发展多种形式适度规模经营的同时，完善针对小农户的扶持政策，加强面向小农户的社会化服务，把小农户引入现代农业发展轨道。

(一)促进小农户和现代农业发展有机衔接是巩固完善农村基本经营制度的重大举措。小农户是家庭承包经营的基本单元。以家庭承包经营为基础、统分结合的双层经营体制,是我国农村的基本经营制度,需要长期坚持并不断完善。扶持小农户,在坚持家庭经营基础性地位的同时,促进小农户之间、小农户与新型农业经营主体之间开展合作与联合,有利于激发农村基本经营制度的内在活力,是夯实现代农业经营体系的根基。

(二)促进小农户和现代农业发展有机衔接是推进中国特色农业现代化的必然选择。小农户是我国农业生产的基本组织形式,对保障国家粮食安全和重要农产品有效供给具有重要作用。农业农村现代化离不开小农户的现代化。扶持小农户,引入现代生产要素改造小农户,提升农业经营集约化、标准化、绿色化水平,有利于小农户适应和容纳不同生产力水平,在农业现代化过程中不掉队。

(三)促进小农户和现代农业发展有机衔接是实施乡村振兴战略的客观要求。小农户是乡村发展和治理的基础,亿万农民群众是实施乡村振兴战略的主体。精耕细作的小农生产和稳定有序的乡村社会,构成了我国农村独特的生产生活方式。扶持小农户,更好发挥其在稳定农村就业、传承农耕文化、塑造乡村社会结构、保护农村生态环境等方面的重要作用,有利于发挥农业的多种功能,体现乡村的多重价值,为实施乡村振兴战略汇聚起雄厚的群众力量。

(四)促进小农户和现代农业发展有机衔接是巩固党的执政基础的现实需要。小农户是党的重要依靠力量和群众基础。党始终把维护农民群众根本利益、促进农民共同富裕作为出发点和落脚点。扶持小农户,提升小农户生产经营水平,拓宽小农户增收渠道,让党的农村政策的阳光雨露惠及广大小农户,有利于实现好、维护好、发展好广大农民根本利益,让广大农民群众的获得感、幸福感、安全感更加充实、更有保障、更可持续。

二、总体要求

(一)指导思想。以习近平新时代中国特色社会主义思想为指导,全面贯彻党的十九大和十九届二中、三中全会精神,坚持小农户家庭经营为基础与多种形式适度规模经营为引领相协调,坚持农业生产经营规模宜大则大、宜小则小,充分发挥小农户在乡村振兴中的作用,按照服务小农户、提高小农户、富裕小农户的要求，加快构建扶持小农户发展的政策体系，加强农业社会化服务，提高小农户生产经营能力，提升小农户组织化程度，改善小农户生产设施条件，拓宽小农户增收空间，维护小农户合法权益，促进传统小农户向现代小农户转变，让小农户共享改革发展成果，实现小农户与现代农业发展有机衔接，加快推进农业农村现代化。

（二）基本原则

——政府扶持、市场引导。充分发挥市场配置资源的决定性作用，更好发挥政府作用。引导小农户土地经营权有序流转，提高小农户经营效率。注重惠农政策的公平性和普惠性，防止人为垒大户，排挤小农户。

——统筹推进、协调发展。统筹兼顾培育新型农业经营主体和扶持小农户，发挥新型农业经营主体对小农户的带动作用，健全新型农业经营主体与小农户的利益联结机制，实现小农户家庭经营与合作经营、集体经营、企业经营等经营形式共同发展。

——因地制宜、分类施策。充分考虑各地资源禀赋、经济社会发展和农林牧渔产业差异，顺应小农户分化趋势，鼓励积极探索不同类型小农户发展的路径。不搞一刀切，不搞强迫命令，保持足够历史耐心，确保我国农业现代化进程走得稳、走得顺、走得好。

——尊重意愿、保护权益。保护小农户生产经营自主权，落实小农户土地承包权、宅基地使用权、集体收益分配权，激发小农户生产经营的积极性、主动性、创造性，使小农户成为发展现代农业的积极参与者和直接受益者。

三、提升小农户发展能力

（一）启动家庭农场培育计划。采取优先承租流转土地、提供贴息贷款、加强技术服务等方式，鼓励有长期稳定务农意愿的小农户稳步扩大规模，培育一批规模适度、生产集约、管理先进、效益明显的农户家庭农场。鼓励各地通过发放良技良艺良法应用补贴、支持农户家庭农场优先承担涉农建设项目等方式，引导农户家庭农场采用先进科技和生产力手段。指导农户家庭农场开展标准化生产，建立可追溯生产记录，加强记账管理，提升经营管理水平。完善名录管理、示范创建、职业培训等扶持政策，促进农户家庭农场健康发展。

（二）实施小农户能力提升工程。以提供补贴为杠杆，鼓励小农户接受新技术培训。支持各地采取农民夜校、田间学校等适合小农户的培训形式，开展种养技术、经营管理、农业面源污染治理、乡风文明、法律法规等方面的培训。新型职业农民培育工程和新型农业经营主体培育工程要将小农户作为重点培训对象，帮助小农户发展成为新型职业农民。涉农职业院校等教育培训机构要发挥专业优势，优先做好农村实用人才带头人示范培训。鼓励各地通过补贴学费等方式，引导各类社会组织向小农户提供技术培训。

（三）加强小农户科技装备应用。加快研发经济作物、养殖业、丘陵山区适用机具和设施装备，推广应用面向小农户的实用轻简型装备和技术。建立健全农业农村社会化服务体系，实施科技服务小农户行动，支持小农户运用优良品种、先进技术、物质装备等发展智慧农业、设施农业、循环农业等现代农业。引导农业科研机构、涉农高校、农业企业、科技特派员到农业生产一线建立农业试验示范基地，鼓励农业科研人员、农业技术推广人员通过下乡指导、技术培训、定向帮扶等方式，向小农户集成示范推广先进适用技术。

（四）改善小农户生产基础设施。鼓励各地通过以奖代补、先建后补等方式，支持村集体组织小农户开展农业基础设施建设和管护。支持各地重点建设小农户急需的通田到地末级灌溉渠道、通村组道路、机耕生产道路、村内道路、农业面源污染治理等设施，合理配置集中仓储、集中烘干、集中育秧等公用设施。加强农业防灾减灾救灾体系建设，提高小农户抗御灾害能力。

四、提高小农户组织化程度

（一）引导小农户开展合作与联合。支持小农户通过联户经营、联耕联种、组建合伙农场等方式联合开展生产，共同购置农机、农资，接受统耕统收、统防统治、统销统结等服务，降低生产经营成本。支持小农户在发展休闲农业、开展产品营销等过程中共享市场资源，实现互补互利。引导同一区域同一产业的小农户依法组建产业协会、联合会，共同对接市场，提升市场竞争能力。支持农村集体经济组织和合作经济组织利用土地资源、整合涉农项目资金、提供社会化服务等，引领带动小农户发展现代农业。

（二）创新合作社组织小农户机制。坚持农户成员在合作社中的主体地位，发挥农户成员在合作社中的民主管理、民主监督作用，提升合作社运行质量，让农户成员切实受益。鼓励小农户利用实物、土地经营权、林权等作价出资办社入社，盘活农户资源要素。财政补助资金形成的资产，可以量化到小农户，再作为入社或入股的股份。支持合作社根据小农户生产发展需要，加强农产品初加工、仓储物流、市场营销等关键环节建设，积极发展农户＋合作社、农户＋合作社＋工厂或公司等模式。健全盈余分配机制，可分配盈余按照成员与合作社的交易量（交易额）比例、成员所占出资份额统筹返还，并按规定完成优先支付权益，使小农户共享合作收益。扶持农民用水合作组织多元化创新发展。支持合作社依法自愿组建联合社，提升小农户合作层次和规模。

（三）发挥龙头企业对小农户带动作用。完善农业产业化带农惠农机制，支持龙头企业通过订单收购、保底分红、二次返利、股份合作、吸纳就业、村企对接等多种形式带动小农户共同发展。鼓励龙头企业通过公司＋农户、公司＋农民合作社＋农户等方式，延长产业链、保障供应链、完善利益链，将小农户纳入现代农业产业体系。鼓励小农户以土地经营权、林权等入股龙头企业并采取特殊保护，探索实行农民负盈不负亏的分配机制。鼓励和支持发展农业产业化联合体，通过统一生产、统一营销、信息互通、技术共享、品牌共创、融资担保等方式，与小农户形成稳定利益共同体。

五、拓展小农户增收空间

（一）支持小农户发展特色优质农产品。引导小农户拓宽经营思路，依靠产品品质和特色提高自身竞争力。各地要结合特色优势农产品区域布局，紧盯市场需求，深挖当地特色优势资源潜力，引导小农户发展地方优势特色产业，形成一村一品、一乡一特、一县一业。探索建立农业产业到户机制，制订“菜单式”产业项目清单，指导小农户自主选择。支持小农户发挥精耕细作优势，引入现代经营管理理念和先进适用技术装备，发展劳动密集化程度高、技术集约化程度高、生产设施化程度高的园艺、养殖等产业，实现小规模基础上的高产出高效益。引导小农户发展高品质农业、绿色生态农业，开展标准化生产、专业化经营，推进种养循环、农牧结合，生产高附加值农产品。实施小农户发展有机农业计划。

（二）带动小农户发展新产业新业态。大力拓展农业功能，推进农业与旅游、文化、生态等产业深度融合，让小农户分享二三产业增值收益。加强技术指导、创业孵化、产权交易等公共服务，完善配套设施，提高小农户发展新产业新业态能力。支持小农户发展康养农业、创意农业、休闲农业及农产品初加工、农村电商等，延伸产业链和价值链。开展电商服务小农户专项行动。支持小农户利用自然资源、文化遗产、闲置农房等发展观光旅游、餐饮民宿、养生养老等项目，拓展增收渠道。

（三）鼓励小农户创业就业。鼓励有条件的地方构建市场准入、资金支持、金融保险、用地用电、创业培训、产业扶持等相互协同的政策体系，支持小农户结合自身优势和特长在农村创业创新。健全就业服务体系，扩大农村劳动力转移就业渠道，鼓励农村劳动力就地就近就业，支持农村劳动力进入二三产业就业。支持小农户在家庭种养基础上，通过发展特色手工和乡村旅游等，实现家庭生产的多业经营、综合创收。

六、健全面向小农户的社会化服务体系

（一）发展农业生产性服务业。大力培育适应小农户需求的多元化多层次农业生产性服务组织，促进专项服务与综合服务相互补充、协调发展，积极拓展服务领域，重点发展小农户急需的农资供应、绿色生产技术、农业废弃物资源化利用、农机作业、农产品初加工等服务领域。搭建区域农业生产性服务综合平台。创新农业技术推广服务机制，促进公益性农技推广机构与经营性服务组织融合发展，为小农户提供多形式技术指导服务。探索通过政府购买服务等方式，为小农户提供生产公益性服务。鼓励和支持农垦企业、供销合作社组织实施农业社会化服务惠农工程，发挥自身组织优势，通过多种方式服务小农户。

（二）加快推进农业生产托管服务。创新农业生产服务方式，适应不同地区不同产业小农户的农业作业环节需求，发展单环节托管、多环节托管、关键环节综合托管和全程托管等多种托管模式。支持农村集体经济组织、供销合作社专业化服务组织、服务型农民合作社等服务主体，面向从事粮棉油糖等大宗农产品生产的小农户开展托管服务。鼓励各地因地制宜选择本地优先支持的托管作业环节，不断提升农业生产托管对小农户服务的覆盖率。加强农业生产托管的服务标准建设、服务价格指导、服务质量监测、服务合同监管，促进农业生产托管规范发展。实施小农户生产托管服务促进工程。

（三）推进面向小农户产销服务。推进农超对接、农批对接、农社对接，

支持各地开展多种形式的农产品产销对接活动,拓展小农户营销渠道。实施供销、邮政服务带动小农户工程。完善农产品物流服务,支持建设面向小农户的农产品贮藏保鲜设施、田头市场、批发市场等,加快建设农产品冷链运输、物流网络体系,建立产销密切衔接、长期稳定的农产品流通渠道。打造一批竞争力较强、知名度较高的特色农业品牌和区域公用品牌,让小农户分享品牌增值收益。加大对贫困地区农产品产销对接扶持力度,扩大贫困地区特色农产品营销促销。

（四）实施互联网＋小农户计划。加快农业大数据、物联网、移动互联网、人工智能等技术向小农户覆盖,提升小农户手机、互联网等应用技能,让小农户搭上信息化快车。推进信息进村入户工程,建设全国信息进村入户平台,为小农户提供便捷高效的信息服务。鼓励发展互联网云农场等模式,帮助小农户合理安排生产计划、优化配置生产要素。发展农村电子商务,鼓励小农户开展网络购销对接,促进农产品流通线上线下有机结合。深化电商扶贫频道建设,开展电商扶贫品牌推介活动,推动贫困地区农特产品与知名电商企业对接。支持培育一批面向小农户的信息综合服务企业和信息应用主体,为小农户提供定制化、专业化服务。

（五）提升小城镇服务小农户功能。实施以镇带村、以村促镇的镇村融合发展模式,将小农户生产逐步融入区域性产业链和生产网络。引导农产品加工等相关产业向小城镇、产业园区适度集中,强化规模经济效应,逐步形成带动小农户生产的现代农业产业集群。鼓励在小城镇建设返乡创业园、创业孵化基地等,为小农户创新创业提供多元化、高质量的空间载体。提升小城镇服务农资农技、农产品交易等功能,合理配置集贸市场、物流集散地、农村电商平台等设施。

七、完善小农户扶持政策

（一）稳定完善小农户土地政策。保持土地承包关系稳定并长久不变,衔接落实好第二轮土地承包到期后再延长三十年的政策。建立健全农村土地承包经营权登记制度,为小农户“确实权、颁铁证”。在有条件的村组,结合高标准农田建设等,引导小农户自愿通过村组内互换并地、土地承包权退出等方式,促进土地小块并大块,引导逐步形成一户一块田。落实农村承包地所有权、承包权、经营权“三权”分置办法,保护小农户土地承包权益,及时调处流转纠纷，依法稳妥规范推进农村承包土地经营权抵押贷款业务，鼓励小农户参与土地资源配置并分享土地规模经营收益。规范土地流转交易，建立集信息发布、租赁合同网签、土地整治、项目设计等功能于一体的综合性土地流转管理服务组织。

（二）强化小农户支持政策。对新型农业经营主体的评优创先、政策扶持、项目倾斜等，要与带动小农生产挂钩，把带动小农户数量和成效作为重要依据。充分发挥财政杠杆作用，鼓励各地采取贴息、奖补、风险补偿等方式，撬动社会资本投入农业农村，带动小农户发展现代农业。对于财政支农项目投入形成的资产，鼓励具备条件的地方折股量化给小农户特别是贫困农户，让小农户享受分红收益。

（三）健全针对小农户补贴机制。稳定现有对小农生产的普惠性补贴政策，创新补贴形式，提高补贴效率。完善粮食等重要农产品生产者补贴制度。鼓励各地对小农户参与生态保护实行补偿，支持小农户参与耕地草原森林河流湖泊休养生息等，对发展绿色生态循环农业、保护农业资源环境的小农户给予合理补偿。健全小农户生产技术装备补贴机制，按规定加大对丘陵山区小型农机具购置补贴力度。鼓励各地对小农户托管土地给予费用补贴。

（四）提升金融服务小农户水平。发展农村普惠金融，健全小农户信用信息征集和评价体系，探索完善无抵押、无担保的小农户小额信用贷款政策，不断提升小农户贷款覆盖面，切实加大对小农户生产发展的信贷支持。支持农村商业银行、农村合作银行、村镇银行等农村中小金融机构立足县域，加大服务小农户力度。支持农村合作金融规范发展，扶持农村资金互助组织，通过试点稳妥开展农民合作社内部信用合作。鼓励产业链金融、互联网金融在依法合规前提下为小农户提供金融服务。鼓励发展为小农户服务的小额贷款机构，开发专门的信贷产品。加大支农再贷款支持力度，引导金融机构增加小农户信贷投放。鼓励银行业金融机构在风险可控和商业可持续的前提下扩大农业农村贷款抵押物范围，提高小农户融资能力。

（五）拓宽小农户农业保险覆盖面。建立健全农业保险保障体系，从覆盖直接物化成本逐步实现覆盖完全成本。发展与小农户生产关系密切的农作物保险、主要畜产品保险、重要“菜篮子”品种保险和森林保险，推广农房、农机具、设施农业、渔业、制种等保险品种。推进价格保险、收入保险、天气指数保险试点。鼓励地方建立特色优势农产品保险制度。鼓励发展农业互助保险。建立第三方灾害损失评估、政府监督理赔机制，确保受灾农户及时足额得到赔付。加大针对小农户农业保险保费补贴力度。

八、保障措施

（一）加强组织领导。各级党委和政府既要注重培育新型农业经营主体，又要重视发挥好小农户在农业农村现代化中的作用，把贯彻落实扶持引导小农户政策和培育新型农业经营主体政策共同作为农村基层工作的重要方面，在政策制定、工作部署、财力投放等各个方面加大工作力度，齐头并进，确保各项政策落到实处。

（二）强化统筹协调。农业农村部门要发挥牵头组织作用，各地区各有关部门要加强协作配合，完善工作机制，形成工作合力。将推进扶持小农户发展与实施乡村振兴战略、打赢脱贫攻坚战统筹安排，推动各项工作做实做细。

（三）注重宣传指导。做好政策宣传，加强调查研究，及时掌握小农户发展的新情况新问题，系统总结小农户与现代农业发展有机衔接的新经验新做法新模式，营造促进小农户健康发展的良好氛围。

农业农村部门要会同有关部门，对本意见实施落实情况进行跟踪分析和评估，重要工作进展情况及时向党中央、国务院报告。

附录三

农地征收中农民网络诉求表达风险行为诱发因素研究调查问卷

尊敬的朋友，您好！非常感谢您能抽出时间回答下面的问题。此调查问卷主要是对农地征收中农民网络诉求表达风险行为诱发因素问题进行调查，不涉及个人隐私，调查结果仅用于学术研究，您的回答将会被严格保密。希望您如实填写，感谢您的配合！

序号	调查问项	选项
1	您的年龄是？	
	A. 30 岁以下　B. 31～40 岁　C. 41～50 岁　D. 51 岁及以上	
2	您的性别是？	
	A. 男　B. 女	
3	您的受教育程度是什么？	
	A. 小学及以下　B. 初中　C. 高中或中专　D. 大专或本科	
4	您的家庭人口数是多少？	
	A. 1～2 人　B. 3～4 人　C. 5～6 人　D. 6 人以上	
5	您现在的职务是什么？	
	A. 乡镇干部　B. 乡镇职员　C. 村委干部　D. 村委会成员　E. 以上都不是	

续表

序号	调查问项	选项
6	您现在的职业情况是怎样的？	
	A. 务农＋就近打零工　B. 务农＋外出务工　C. 外出务工　D. 其他	
7	现在农民的维权意识是在不断增强的。	
	A. 不同意　B. 比较不同意　C. 一般　D. 比较同意　E. 完全同意	
8	现在村里农民之间交往会很看重“人情”或“面子”。	
	A. 不同意　B. 比较不同意　C. 一般　D. 比较同意　E. 完全同意	
9	您知道什么是基层人大吗？	
	A. 比较了解　B. 知道　C. 听说过　D. 不知道	
10	现在村镇等基层人大在农民诉求表达方面发挥着积极作用。	
	A. 不同意　B. 比较不同意　C. 一般　D. 比较同意　E. 完全同意	
11	您知道什么是基层政协吗？	
	A. 比较了解　B. 知道　C. 听说过　D. 不知道	
12	现在村镇等基层政协在农民诉求表达方面发挥着积极作用。	
	A. 不同意　B. 比较不同意　C. 一般　D. 比较同意　E. 完全同意	
13	您知道什么是信访吗？	
	A. 比较了解　B. 知道　C. 听说过　D. 不知道	
14	您了解信访制度吗？	
	A. 比较熟悉　B. 了解一些　C. 听说过一些　D. 不知道	
15	现在信访制度在农民诉求表达方面发挥了重要作用。	
	A. 不同意　B. 比较不同意　C. 一般　D. 比较同意　E. 完全同意	
16	您对村委会的职责了解吗？	
	A. 完全不了解　B. 比较了解　C. 一般　D. 比较了解　E. 完全了解	
17	村委会在农民诉求表达方面发挥了重要作用。	
	A. 不同意　B. 比较不同意　C. 一般　D. 比较同意　E. 完全同意	
18	您了解农地征收涉及哪些政府部门吗？	
	A. 完全不了解　B. 比较了解　C. 一般　D. 比较了解　E. 完全了解	

续表

序号	调查问项	选项
19	农地征收相关政府部门在农民诉求表达方面发挥了重要作用。	
	A. 不同意　B. 比较不同意　C. 一般　D. 比较同意　E. 完全同意	
20	您经常上网。	
	A. 不同意　B. 比较不同意　C. 一般　D. 比较同意　E. 完全同意	
21	您经常在网页上发帖子或者发消息。	
	A. 不同意　B. 比较不同意　C. 一般　D. 比较同意　E. 完全同意	
22	网络是农民进行诉求表达的有效途径。	
	A. 不同意　B. 比较不同意　C. 一般　D. 比较同意　E. 完全同意	
23	您所在的村有进行法律咨询的地方吗?	
	A. 有　B. 没有　C. 不清楚	
24	农村的法律咨询对农民诉求表达很有帮助。	
	A. 不同意　B. 比较不同意　C. 一般　D. 比较同意　E. 完全同意	
25	您所在的村或附近有农民社会组织吗?	
	A. 有　B. 没有　C. 不清楚	
26	加入农民社会组织对于农民诉求的表达有帮助。	
	A. 不同意　B. 比较不同意　C. 一般　D. 比较同意　E. 完全同意	
27	如果在农地征收过程中您的权益受损,您会选择在网络上发消息吗?	
	A. 会　B. 不会	

附录四

农村宅基地退出风险研究调查问卷

尊敬的朋友，您好！非常感谢您能抽出时间回答下面的问题。此调查问卷主要是对农村宅基地退出风险及其风险因素问题进行调查，不涉及个人隐私，调查结果仅用于学术研究，您的回答将会被严格保密。希望您如实填写，感谢您的配合！

序号	调查问项	选项
1	您的年龄是多少？	
	A. 30 岁以下　B. 30～40 岁　C. 41～50 岁　D. 51 岁及以上	
2	您的性别是？	
	A. 男　B. 女	
3	您的受教育程度是什么？	
	A 小学及以下　B. 初中　C. 高中或中专　D. 大专或本科	
4	您现在的职务是什么？	
	A. 乡镇干部或职员　B. 村委成员　C. 两者都不是	
5	您的家庭人口数是多少？	
	A. 1～2 人　B. 3～4 人　C. 5～6 人　D. 6 人以上	

续表

序号	调查问项	选项
6	您家庭具有非农收入的人口数是多少？	
	A. 1人　B. 2人　C. 3人　D. 4人　E. 5人及以上	
7	您家庭宅基地面积是多大？	
	A. 100平方米以下　B. 100～300平方米　C. 300平方米以上	
8	您家宅基地距离镇或县的距离多远？	
	A. 3 000米以　B. 3 001～6 000米　C. 6 000米以上	
9	您家有无家庭成员在城镇居住？	
	A. 有　B. 无	
10	您对于目前的家庭居住条件是满意的。	
	A. 不同意　B. 比较不同意　C. 一般　D. 比较同意　E. 完全同意	
11	您了解村里孩子们上小学或初中的教育条件吗？	
	A. 非常了解　B. 了解一些　C. 不了解	
12	您对子女或其他后代的教育条件是满意的。	
	A. 不同意　B. 比较不同意　C. 一般　D. 比较同意　E. 完全同意	
13	您认为在村附近从事非农就业的机会多吗？	
	A. 非常多　B 比较多　C. 一般　D. 不多　E. 几乎没有	
14	村里农民外出务工的地点多数离家较远。	
	A. 不同意　B. 比较不同意　C. 一般　D. 比较同意　E. 完全同意	
15	您对现在的非农就业机会是满意的。	
	A. 不同意　B. 比较不同意　C. 一般　D. 比较同意　E. 完全同意	
16	您了解现在宅基地退出的政策吗？	
	A. 不了解　B. 比较不了解　C. 一般　D. 比较了解　E. 完全了解	
17	您对目前的宅基地退出政策是满意的。	
	A. 不同意　B. 比较不同意　C. 一般　D 比较同意　E 完全同意	
18	您了解现在宅基地退出补偿的标准吗？	
	A. 非常不了解　B. 比较不了解　C. 一般　D. 比较了解　E. 非常了解	

续表

序号	调查问项	选项
19	您对于目前宅基地退出补偿的标准是满意的。	
	A. 不同意　B. 比较不同意　C. 一般　D. 比较同意　E. 完全同意	
20	您对农村宅基地产权归属是否了解?	
	A. 非常不了解　B. 比较不了解　C. 一般　D. 比较了解　E. 非常了解	
21	您对宅基地退出相关法律法规是否了解?	
	A. 非常不了解　B. 比较不了解　C. 一般　D. 比较了解　E. 非常了解	
22	现在宅基地退出相关法律法规是完善的。	
	A. 不同意　B. 比较不同意　C. 一般　D. 比较同意　E. 完全同意	
23	对于宅基地退出相关知识和问题,村集体是向村民宣传的。	
	A. 不同意　B. 比较不同意　C. 一般　D. 比较同意　E. 完全同意	
24	村内村民之间经常谈论宅基地退出的相关知识和问题。	
	A. 不同意　B. 比较不同意　C. 一般　D. 比较同意　E. 完全同意	
25	您对农村宅基地退出面临的问题认识比较清楚。	
	A. 不同意　B. 比较不同意　C. 一般　D. 比较同意　E. 完全同意	
26	您是否愿意选择退出宅基地?	
	A. 愿意　B. 不愿意	

参考文献

REFERENCES

[1] 胡志安.由鄂州市农村土地"托管"想起[J].计划与市场,2000(7):24-25.

[2] 祝天智.农村征地冲突的整体性治理研究[J].中国行政管理,2013(10):52-56.

[3] 张敬云,刘广平,田祎萌.基于结构洞理论的征地冲突形成动因与治理研究[J].系统科学学报,2020,28(4):98-102.

[4] 连宏萍,张媛,曾元.制度适应理论视角下征地冲突及其化解:以北京新机场征地拆迁为例[J].中国行政管理,2017(12):117-122.

[5] 谢雪群,杨钢桥,赵微.农地整理过程中农民利益诉求:来自湖北省部分县市的实证研究[J].中国农业资源与区划,2014,35(6):42-52,57.

[6] 王凯.征地拆迁安置补偿项目审计存在的问题及对策[J].农村经济与科技,2017,28(4):196.

[7] 刘玉雁,刘彤.基于失地型群体性事件视域的农民利益表达与权益的维护[J].理论探讨,2013(4):157-160.

[8] 张书军,单媛.以舆抗争:农民维权方式的新变化[J].阅江学刊,2013,5(4):33-39.

[9] 李俊.转型期农民维权的行为逻辑:基于政治心态的检审[J].政治学研究,2016(3):105-115,128.

[10] 赵君慧.中国农民网络政治参与路径探索[J].新西部,2016(6):66,68.

[11] 毕耕，李琬，唐叶. 农村传媒的使用现状、问题及对策：以胡湾村的实地调查为案例[J]. 社科纵横，2010(12)：130-132.

[12] 斯科特. 弱者的武器[M]. 郑广怀，张敏，何江穗，译. 南京：译林出版社，2011.

[13] MAMONOVA N. Resistance or adaptation? Ukrainian peasants' responses to large-scale land acquisitions[J]. The journal of peasant studies，2015，42(3/4)：607-634.

[14] GAO L. The emergence of the human flesh search engine and political protest in China：exploring the Internet and online collective action[J]. Media，culture & society，2016，38(3)：349-364.

[15] YAMAMOTO M，KUSHIN M J，DALISAY F. Social media and mobiles as political mobilization forces for young adults：examining the moderating role of online political expression in political participation [J]. New media & society，2015，17(6)：880-898.

[16] 陈小君. 我国涉农民事权利入民法典物权编之思考[J]. 广东社会科学，2018(1)：219-233，256.

[17] 刘恒科. 宅基地流转的实践路径、权利结构与制度回应[J]. 农业经济问题，2020(7)：36-46.

[18] 张克俊，付宗平. "三权分置"下适度放活宅基地使用权探析[J]. 农业经济问题，2020(5)：28-38.

[19] 牛星. "三权分置"视角下宅基地使用权放活的多主体联动机制：基于上海市 L 村的试点案例[J]. 华东理工大学学报(社会科学版)，2020，35(5)：85-95.

[20] MACMILLAN D C. An economic case for land reform[J]. Land Use Policy，2000，17(1)：49-57.

[21] FAN X，QIU S，SUN Y K. Land finance dependence and urban land marketization in China：The perspective of strategic choice of local governments on land transfer[J]. Land use policy，2020，99，105023.

[22] 许恒周，殷红春，石淑芹. 代际差异视角下农民工乡城迁移与宅基地退出影响因素分析：基于推拉理论的实证研究[J]. 中国人口·资源与环境，2013(8)：75-80.

[23] 李敏，陈尧，唐鹏，等. 家庭生命周期对农户宅基地退出意愿的影响[J]. 资源科学，2020，42(9)：1692-1703.

[24] 韦彩玲，蓝飞行，宫常欢. 二重理性：宅基地退出低意愿的影响因素：基于广西 5 县 13 村的调查[J]. 云南行政学院学报，2020，22(1)：17-24.

[25] 于伟，刘本城，宋金平. 城镇化进程中农户宅基地退出的决策行为及影响因素[J]. 地理研究，2016，35(3)：551-560.

[26] 尹兵，马玉勤，刘向南，等. 改革试点区农户宅基地退出意愿实证研究[J]. 河南农业大学学报，2021，55(2)：379-386.

[27] 彭长生. 农民宅基地产权认知状况对其宅基地退出意愿的影响：基于安徽省 6 个县 1413 户农户问卷调查的实证分析[J]. 中国农村观察，2013(1)：21-33，90-91.

[28] 王兆林，杨庆媛，骆东奇. 农民宅基地退出差异性受偿意愿及其影响因素分析[J]. 中国土地科学，2018，32(9)：28-34.

[29] 冯娜娜，沈月琴，孙小龙，等. "三圈理论"视角下农村宅基地退出模式比较：基于义乌市的观察[J]. 中国农业资源与区划，2021，42(2)：44-51.

[30] 王丽芬. 新型城镇化背景下农村宅基地退出机制研究[J]. 江西农业学报，2017，29(1)：131-134.

[31] 郭明强. 宅基地退出模式及其收益分配研究[J]. 中国集体经济，2019(26)：3-6.

[32] FUKUNAGA K，HUFFMAN W E. The role of risk and transaction costs in contract design：evidence from farmland lease contracts in U. S. agriculture[J]. American Journal of Agricultural Economics，2009，91(1)：237-249.

[33] ALLEN D W，BORCHERS A. Conservation practices and the growth of US cash rent leases[J]. Journal of agricultural economics，2016，67(2)：491-509.

[34] MANDONDO A，GERMAN L. Customary rights and societal stakes of large-scale tobacco cultivation in Malawi[J]. Agriculture and human values，2015，32(1)：31-46.

[35] WOSSEN T，BERGER T，DI FALCO S. Social capital，risk preference and adoption of improved farm land management practices in Ethiopia[J].

Agricultural Economics,2015,46(1):81-97.

[36] 王蔚,徐勤航,周雪.土地托管与农业服务规模化经营研究:以山东省供销社实践为例[J].山东财经大学学报,2017,29(5):87-95,105.

[37] 孔祥智,钟真.供销合作社改革,土地托管与服务规模化:山东省供销合作社综合改革调查与思考[J].中国合作经济,2017(10):36-40.

[38] 许保疆,路燕,薛华政,等.关于农村土地托管的研究与思考[J].农业科技管理,2019,38(6):68-72.

[39] 徐勤航,诸培新,曲福田.小农户对接农业生产现代化的制度创新解析:以山东省纯化镇土地托管为例[J].干旱区资源与环境,2019,33(11):77-82.

[40] 郭丽果,成智杰,王洋,等.土地托管协会研究与思考:以宁晋县垄上行土地托管协会为例[J].安徽农业科学,2019,47(24):242-245.

[41] 孙小燕,刘雍.土地托管能否带动农户绿色生产?[J].中国农村经济,2019(10):60-80.

[42] 陈成文,余丽敏,陈静.土地托管对资产收益扶贫的影响:基于湖南省H县的实证研究[J].经济地理,2019,39(5):198-206.

[43] 董玄,陈思丞,孟庆国.对比观念、共同认知与政策制定:以土地托管政策过程为例[J].公共行政评论,2019,12(3):48-66,190.

[44] 罗必良.小农经营、功能转换与策略选择:兼论小农户与现代农业融合发展的"第三条道路"[J].农业经济问题,2020(1):29-47.

[45] TRIPP R. Can the public sector meet the challenge of private research? commentary on "falcon and fowler" and "pingali and traxler"[J]. Food policy,2002,27(3):239-246.

[46] ZHAO L. Understanding the new rural co-operative movement: towards rebuilding civil society in China[J]. Journal of contemporary China,2011,20(71):679-698.

[47] MOSELEY M J,OWEN S. The future of services in rural England: The drivers of change and a scenario for 2015[J]. Progress in Planning,2008,69(3):93-130.

[48] ORTIZ O. Evolution of agricultural extension and information dissemination in Peru: an historical perspective focusing on potato-

related pest control[J]. Agriculture and human values, 2006, 23(4): 477-489.

[49] PINGALI P. Westernization of Asian diets and the transformation of food systems: Implications for research and policy[J]. Food policy, 2007, 32(3): 281-298.

[50] MARTINEZ M G, FEARNE A, CASWELL J A, et al. Co-regulation as a possible model for food safety governance: opportunities for public-private partnerships[J]. Food policy, 2007, 32(3): 299-314.

[51] ÖZDEMIR G. Cooperative-shareholder relations in agricultural cooperatives in Turkey[J]. Journal of asian economics, 2005, 16(2): 315-325.

[52] 马克思,恩格斯.马克思恩格斯全集:全50卷[M].中共中央马克思恩格斯列宁斯大林著作局,译.北京:人民出版社,2016.

[53] 尹新瑞,王美华.科塞社会冲突理论及对我国社会治理的启示:基于《社会冲突的功能》的分析[J].理论月刊,2018(9):170-176.

[54] 涅尔谢相茨.古希腊政治学说[M].蔡拓,译.北京:商务印书馆,1991:192.

[55] 韩伟.权利观念的文化渊源[N].人民法院报,2019-02-22(5).

[56] 林曦.弗里曼利益相关者理论评述[J].商业研究,2010(8):66-70.

[57] 盛林."两会"与中国特色利益表达机制建设[J].理论学刊,2017(5): 128-134

[58] 王文祥.社会转型期集体表意行为研究:以吉林市社会弱势群体实证调查为例[J].社会科学战线,2011(1):213-218.

[59] 胡向东,刘静,刘爽.宅基地使用权多种实现形式的思考[J].农业经济问题,2021(4):25-32.

[60] 李谦.宅基地使用权入市困局及破解:从社会保障与住房财产权二者间的矛盾说起[J].河南社会科学,2021,29(4):68-77.

[61] 岳永兵.宅基地使用权转让政策嬗变、实践突破与路径选择[J].西北农林科技大学学报(社会科学版),2020,20(6):20-27.

[62] 王书华,郑风田,胡向东,等.科技创新支撑乡村振兴战略[J].中国科技论坛,2018(6):1-5.

[63] 张合林，祝茜茜. 放活我国农村宅基地使用权的实现机制研究[J]. 改革与战略，2020，36(9)：83-91.

[64] 马智利，雷吉烽. 我国宅基地使用权研究热点综述：基于 Citespace 的可视化分析[J]. 中国房地产，2021(9)：50-56.

[65] 汪明进，赵兴泉，黄娟. 农村宅基地"三权分置"改革的经验与启示：基于浙江省义乌市的实践视角[J]. 世界农业，2019(8)：104-108.

[66] 胡凌啸，吴舜臣. 土地托管的内涵与实现：理论剖析与实践归纳[J]. 经济学家，2019(12)：68-77.

[67] 吴丽玮. 乌坎村土地纠纷与宗族之争[EB/OL]. (2011-12-20)[2021-09-10]. http://www. lifeweek. com. cn/2011/1220/36080. shtml. 2011-12-20.

[68] 李艳丽，郭宝亮. 网络群体事件的政治社会学思考：以乌坎村事件为例[J]. 内蒙古农业大学学报(社会科学版)，2015，17(2)：144-148.

[69] 费孝通. 乡土中国[M]. 北京：人民出版社，2018.

[70] 强舸. 基层人大选举中的政治冷漠与利益缺失[J]. 人大研究，2012(10)：9-11.

[71] 郑涛. 城镇化进程中失地农民利益诉求问题研究[D]. 上海：华东师范大学，2013.

[72] 汪明进，赵兴泉，黄娟. 农村宅基地"三权分置"改革的经验与启示：基于浙江省义乌市的实践视角[J]. 世界农业，2019(8)：104-108.

[73] 李世友. 海南省农村宅基地流转模式研究[J]. 农村经济与科技，2020，31(19)：29-33.

[74] 吴迪，赵素芳. 宅基地使用权流转模式的梳理与试点分析：基于 SWOT 分析法[J]. 中国延安干部学院学报，2020，13(5)：129-136.

[75] MALATESTA D，SMITH C R. Lessons from resource dependence theory for contemporary public and nonprofit management[J]. Public administration review，2014，74(1)：14-25.

[76] 黄璐水，罗海波，黎登琴，等. 贵州农村地区宅基地退出模式及案例分析[J]. 江苏农业科学，2014，42(4)：416-418.

[77] 梁发超，林彩云. 不同模式下农村宅基地退出的农户福利效应研究：以福建省晋江市为例[J]. 中国农业资源与区划，2021，42(3)：240-248.

[78] 邝佛缘,陈美球.风险预期、生计资本对农户宅基地退出意愿的影响及其代际差异:基于江西省456份农户调查数据[J].农林经济管理学报,2021,20(1):92-101.

[79] 黄璐水,罗海波,钟锋.贵州省农村宅基地退出的障碍因素调研与对策建议[J].中国农业资源与区划,2014,35(4):94-99.

[80] 刘莹,杨鹏.城市社区公共物品协同供给主要利益相关者利益诉求研究[J].北京交通大学学报(社会科学版),2017,16(2):93-103.

[81] 王润稼.论诸利益相关者的优先性排序[J].郑州大学学报(哲学社会科学版),2015,48(2):37-40.

[82] 张勇,包婷婷.农村宅基地退出的驱动力分析:基于推拉理论视角[J].农村经济,2017(4):18-23.

[83] 吴泽斌,吴立珺.农民家庭发展能力与宅基地退出模式双边匹配研究[J].农业技术经济,2020(7):93-105.

[84] 高原,孙鹏飞,赵凯.贫困地区农户宅基地有偿退出行为的影响路径:基于家庭生命周期视角[J].资源科学,2021,43(7):1403-1418.

[85] 王莹,刘雍.山东土地托管调查与思考[J].山东人大工作,2018(4):53-55.

[86] 郁静娴.全国农业社会化服务组织数量超90万个有了"田保姆"种地更划算[N].人民日报 2021-02-08(11).

[87] 吕亚琴.甘肃省渭源县农机专业合作社开展土地托管经营的思考[J].农业机械,2020(5):84-85.

[88] 薛莹,吕杰,韩晓燕.东北农业托管决策中自然风险和非农就业的双重作用机制及实证研究[J].当代经济研究,2020(9):1-14.

[89] 孙新华.村社主导、农民组织化与农业服务规模化:基于土地托管和联耕联种实践的分析[J].南京农业大学学报(社会科学版),2017,17(6):131-140,166.

[90] 左会闯.利益冲突视角下农村土地托管模式优化研究:以南阳市为例[D].郑州:郑州大学,2020.

[91] 山东省供销合作社发展规划处,滕州市供销合作社.密切利益联结 实行股份式托管 探索土地经营权入股合作社新模式[J].中国合作经济,2017(5):24-28.

[92] 刘海宇，雷琳，王昆，等. 乡村振兴背景下农地入股效益分析[J]. 合作经济与科技，2019(16)：56-58.

[93] 梅振然. 农村宅基地流转模式的思考：以金寨县小南京村为例[J]. 农家参谋，2020(19)：28-29.

[94] 刘润秋，余超. 基于二维分析框架的农村宅基地退出政策工具优化研究[J]. 农村经济，2020(9)：34-41.

[95] 漆彦忠. 宅基地的符号性与宅基地退出中的乡土惯习：以已购房农民为例[J]. 长白学刊，2020(1)：112-119.

[96] 刘成铭，王坤鹏，欧名豪. 农户分化视角下农民退出宅基地集中居住后的福利水平研究[J]. 长江流域资源与环境，2020，29(3)：748-757.

[97] 吴郁玲，于亿亿，王梅. 农户对宅基地退出的福利增进需求研究：基于余江、金寨、宜城三地的农户调查[J]. 中国土地科学，2021，35(7)：61-70.

[98] 赵梓涵，张文秀. 农民对农村宅基地改革满意度评价研究：以成都市周边县为例[J]. 调研世界，2013(9)：37-41.